Nonsense

Red Herrings, Straw Men and Sacred Cows:
How We Abuse Logic
in Our Everyday Language

为何有说服力的话
反而不可信

有毒的逻辑

[美] 罗伯特·J. 古拉 (Robert J. Gula) 著

邹东 译

机械工业出版社
CHINA MACHINE PRESS

图书在版编目（CIP）数据

有毒的逻辑：为何有说服力的话反而不可信 /（美）罗伯特·J. 古拉（Robert J. Gula）著；邹东译 . —北京：机械工业出版社，2024.3（2024.8 重印）

书名原文：Nonsense: Red Herrings, Straw Men and Sacred Cows: How We Abuse Logic in Our Everyday Language

ISBN 978-7-111-74891-5

I. ①有… II. ①罗… ②邹… III. ①语言逻辑 – 通俗读物 IV. ① H0-05

中国国家版本馆 CIP 数据核字（2024）第 017022 号

机械工业出版社（北京市百万庄大街 22 号　邮政编码 100037）
策划编辑：向睿洋　　责任编辑：向睿洋
责任校对：张亚楠　　责任印制：张　博
北京联兴盛业印刷股份有限公司印刷
2024 年 8 月第 1 版第 3 次印刷
147mm × 210mm · 7.5 印张 · 1 插页 · 146 千字
标准书号：ISBN 978-7-111-74891-5
定价：59.00 元

电话服务　　　　　　　　　　网络服务
客服电话：010-88361066　　机　工　官　网：www.cmpbook.com
　　　　　010-88379833　　机　工　官　博：weibo.com/cmp1952
　　　　　010-68326294　　金　书　网：www.golden-book.com
封底无防伪标均为盗版　　　机工教育服务网：www.cmpedu.com

罗伯特·J.古拉（Robert J. Gula）英年早逝，47岁时就被胰腺癌夺去了生命。但凡接触过他的人，无一不为他深深折服：他活力四射、目光如炬、言简意赅，有着运动员般健硕的身躯，一团棕灰色的头发倒向一边却不显蓬乱，时而流露顽童般俏皮的幽默感，却总是全神贯注地仔细、真心倾听他人的话语，还拥有闪闪发光的心灵。他年少时创造了多项径赛纪录，热爱小狗和小孩，钢琴演奏达到音乐会水准，尤其推崇弗朗兹·李斯特（Franz Liszt），还独著或与人合著过17本书，所涉猎主题从《神话：希腊和罗马》（*Mythology: Greek and Roman*）到《精确：写作者参考手册》（*Precision: A Reference Handbook for Writers*）。他在美国最佳中学之一的格罗顿中学除了任职督学主任之外，还教授拉丁语、希腊语、代数、几何、化学、英文写作，以及最为人称道的逻辑学。

在《当代作家》（*Contemporary Authors*）名录中，对于为什么要创作最后这本有关语言逻辑的手册，古拉如此阐释："这本书来自我的挫败感，看到有些人，甚至非常聪明的一部分人常常在群体中无法'沟通'，我感到非常痛心。见识过太多陷入僵局的会议和讨论后，我开始好奇这是为什么。这种好奇促使我在格罗顿中学开设关于非形式逻辑的课程，这门逻辑课程又促成了本书的诞生。

"我注意到有些人害怕逻辑。'你和你的逻辑'，他们这样对我说。然而，我还注意到，这种态度常常反映了他们捉襟见肘的现实处境，他们要么不知道自己在说什么，没有考虑清楚自己的立场；要么没有意识到自己是在情绪化反应而非出自理性思考，也就是说，他们的态度背后还有深藏的动机。"

本书致力于成为最好的语言逻辑谬误手册，希望能够放之四海而皆准。此外，它还包含更多内容。从某种层面而言，这是一本介绍人们如何欺骗自己和他人的小册子。一旦有谬误存在，古拉早已辨认出来并贴上标签，像一位兴致勃勃的鳞翅目昆虫学家炫耀他对蝴蝶翅膀每一种变异的分类。从另一种层面而言，它是一堂关于非数理逻辑思维的小课程，是一种对哲学和经济学特别重要的思维形式，也是我们所有人每天使用并且常常被滥用的思维形式。就实质而言，它是一部学术研究的超凡杰作，然而在形式上却出人意料地轻松、自如且通俗易懂，无论阅读还是参考均趣味盎然。

有意阅读本书的读者或使用者也不要被谬误的庞大数量给吓到（超过170条），作者对此一一列举并逐条解释。广义而言，它们都是一些简单主题的变异形式，也就是惯常的人性趋势：杂乱无章，即以一个不恰当的立场开始，或者无法恰到好处地推进；缺乏组织，即不同的对象之间不能恰当地区分彼此或者适当地分门别类；前后不一致，即含有直接的自相矛盾；混淆不清，要么有意要么无意；与主题无关，即插入与所主张内容毫不相干的信息或论证；信息缺失，即省略重要的事实、观点或角度。

通过总结这些术语，我们应该对古拉的书足够熟悉。但本书最令人印象深刻且最有趣的是，所有细节、走向不合逻辑的种种方式、所有的变异及排列组合，它们本身隐藏在秩序井然、组织合理、前后一致、明确、与主题相关和信息完整之中。古拉的一名学生在格罗顿中学校刊上说此书"教会我如何思考"，而另一名学生则说"它能改变你的生活"。很少有一本手册能这样，即便是其自身领域里最好的参考书，也很少见到能改变一个人生活的。但是本书的确可以改变任何人的生活，只要读者在研究了书中的大量例子之后能汲取它的精髓。

亨特·路易斯（Hunter Lewis）

[目录]
CONTENTS

成功的鼓吹者善于俘获我们的情感。他说着我们想听的话，赢取我们的信任，然后开始巧妙地影响我们的态度。

暗示的手段各式各样。当有人做出暗示时，他可能正在一探虚实，观察其他人如何反应，或者他想通过暗示来探究别人的真正想法。

挑选 / 语调 / 措辞 / 选词 / 并列 / 与主题无关的细节 / 意象词汇 / 浮夸的语言 / 负面意象词汇 / 控制性措辞

并非所有语言都是感性的，有些语言确实涉及推理。谬误一般表示看似正确、通常很有说服力而实际上却是错误的结论。

与主题无关的诉求通常很有说服力，但尚未构成让人接受某一立场的充分理由。举例而言，父亲对儿子说："如果你不去修剪草坪，今晚你就拿不到车。"他并没有给出让儿子修剪草坪的充分理由。

与主题无关的权威 / 诉诸数字 / 自信的推测

第 11 章　过度简单化

当我们对于复杂问题想寻求快速、便捷的答案时，当我们不想被问题的盘根错节所困扰时，或当我们不假思索地快速反应时，我们就是在过度简单化。

意外谬误 / 复杂问题 / 中项排除谬误 / 分类归档 /
妄下结论 / 胡子谬误 / 绝对用语 / 错误的折中 /
循环定义 / 堕落谬误 / 返回原状谬误 / 时间谬误 /
雪上加霜谬误，或诉诸盲目乐观 / 决断力谬误 /
理想主义谬误 / 默认同意谬误，或诉诸沉默 /
假两难困局

第 12 章　错误的比较和对比

比较和对比在本质上并没有错误。当把比较和对比作为目标本身时，或有人试图暗示同一性而不是类似性时，或所谓的相似性实际上并不相似时，或用比较和对比来激发情感从而搁置理性时，危险也许就会发生。

第 13 章　逃避

逃避技巧很普遍。人们使用它们来规避特定的问题或指控，躲避严密的思考与分析，掩饰自鸣得意和花言巧语，避免自身陷入特定的立场、信念或态度。

第 1 章

日常用语的骗局

"我只知道它言之无理，却讲不出所以然。"

真是无能为力！心里明明知道刚才听到的是谬论，但就是讲不出所以然来。

如果你已然置身此种境地，本书一定可以助你一臂之力。它能辨别出错误思维可能采用的众多不同伪装，并且条分缕析，揭示错误思维的部分原因。本书也许不足以将你变成一位技艺精湛的辩驳专家，却能为你成为这方面的人才提供弹药。此外，更重要的是，它能使你在主导辩论方向时立于强势地位。

你不仅会在这几页纸里发现许多朋友和熟人的言行，还会时不时地发现自己仿佛也赫然在列。对于语言的骗局，我们无一幸免。

难道人类天生就是无可救药般浑浑噩噩吗？就天性而言，的确如此。浑浑噩噩也算言之有理，但若说无可救药，则大错特错。人类是理性的动物，却未必是天生具有推理能力的动物。谨慎而清晰的思考需要特定的严密逻辑。它是一项技能，就像所有技能一样需要训练、实践以及持续专注。一个人开始推理之前，必须了解那些专门为未受过相关训练的大脑所埋设的陷阱。所以此书——一本研究语言的骗局、总结伪装技巧和破坏理性策略的书横空出世。如果我们能够识别这些圈套和花招，就可避免中招，也可阻止其他人过度依赖这些奇技淫巧。

首先是一些基本原则。我们不能称之为规律，它们不过是一些行为模式的描述，大致概括了人类反应和思考的倾向方式。比如，人们会：

（1）倾向于相信自己愿意相信的事物。

（2）倾向于将自身的偏爱或经验投射于现实生活。

（3）倾向于对特殊事件进行普遍化概括。

（4）倾向于身临其境地分析事件并且让自身情感超越客观理性。

（5）不能作为很好的聆听者。人们会有选择地听，并且常常只听自己想听的内容。

（6）拥有对所观察到的事物进行合理化（文饰）的冲动。

（7）常常无法从无关紧要的事物中提取相关、重要的事物。

（8）很容易从正在处理的特定事情上转移注意力。

（9）通常不愿意彻底地探索主题的盘根错节，倾向于过度简单化。

（10）一般都以貌取人。人们观察事物时，误解自己的观察，然后做出可怕的误判。

（11）总是不知所谓，尤爱泛泛而谈。说话之前很少审慎思考，却让情感、偏见、成见、好恶、希望和挫折代替审慎思考。

（12）很少坚持一贯的行为准则。人们很少仔细检查证据然后得出结论。相反，人们更倾向于想怎么做就怎么做，想相信什么就相信什么，然后找出能够支持自己行动或信念的证据。人们的思考具有选择性：在评估现实情况时，热衷于寻找支持自己所支持事物的理由，同样热衷于忽视或者漠视不支持他们所支持事物的理由。

（13）人们往往不会将内心的本意宣之于口，而说出的话通常别有深意。

针对这些原则，我们再加上由J.A.C.布朗（J.A.C. Brown）

在《说服的技巧》（*Techniques of Persuasion*）一书中所引用的四条观察评论：①大多数人宁愿觉得事情简单而不复杂；②希望自己的偏见得到证实；③想要体验其他人无法企及的"归属感"；④需要为自己的挫败精确指定背黑锅的假想敌。

　　以上评论可能貌似带有偏见，然而它们的本意并非如此。它们甚至不是批判性的或者带道德审判意味的。这些仅仅表明人类的天性倾向于主观而非客观，而且未经训练的大脑更容易选择阻力最小的道路。阻力最小的道路就是几乎从不运用理性思考。

第 2 章

感性的语言

他的舌头能滴甘露，

越是坏事，越能说出好的道理来；

而再成熟完善的忠告，经他鼓吹便趋向复杂和支离破碎：

因为他思想卑鄙。

临做恶时孜孜不倦，

及行善时怯懦怠惰。

但他的甜言蜜语却如此悦耳。

——弥尔顿（Milton），《失乐园》，第二卷（*Paradise Lost*, II）

　　我们都有情感的需要：爱的需要、被爱的需要、被接受的需要、体验成就感的需要、体验自我价值的需要、体会自身重要性的需要、感到被人需要的需要、能够保护自己的需要、获取自己眼中的相应地位和其他人眼中的相应地位的需要，以及安全感的需要。这些需要依次隐含了其他情感：爱、恨、恐惧、嫉妒、愤怒、愧疚、贪婪、希望和忠诚。情感既脆弱又敏感。

它们很容易被入侵，也很容易被操纵。只要有人懂得如何诉诸我们的情感，就能欺骗我们，操纵我们，并且让我们把谬误当作真理来接受。

以下就是为达到欺骗理性的目的而践踏情感的几种手段。如果我们能够辨认出它们，就有可能避免受到欺骗和操纵。

诉诸怜悯。有人求助于我们的同情心、慈悲和友爱，而不是拿出有案可查的严密推理、证据或事实。他们给我们展示一张瘦骨嶙峋的儿童的照片、一位营养不良的受害者，使得我们不得不拿出一大笔钱捐献给为养活饥饿儿童而建立的基金会。如今这样的诉求并没有什么本质上的错误。但是我们不应该太天真，居然相信我们的捐赠都能实实在在地用来养活饥饿的儿童。那些捐赠有多少会用于行政管理，有多少会用于其他广告宣传，又有多少会用于支付基金高管们的高薪？此种诉诸怜悯的关键问题在于，它并没有告诉我们捐赠会被如何使用，甚至都不能保证我们的捐赠能被用于当初所诉求的目的。

诉诸怜悯也常用于人际关系中。布朗先生的生意正在走下坡路，他想获得一笔银行贷款。"如果你不给我发放贷款，"他向银行职员哀求道，"我就只能宣布破产，然后出局。"这种诉求偶尔奏效，但它在逻辑上并不合理，除非该银行职员确信布朗先生有足够的生意头脑，能够有效地使用贷款并获得相应回报，否则只有傻瓜才会发放贷款给他。

诉诸怜悯的一个变式就是**恳求特殊待遇**。萨米是一个没什么天赋的篮球选手，他径直地走向教练说："你一定要让我参加今晚的比赛。因为我家人来看望我了，他们从来都没看过我打比赛。"假如比赛结果至关重要，那么萨米的恳求就不能成为允许他上场的正当理由；此时，教练如果是一个敏感细腻的人，则会陷于尴尬境地。他能违背自己更准确的判断，冒着比赛失利的风险给萨米特殊待遇吗？

诉诸怜悯是一种惯用的修辞手段。有个极佳的例子来自著名律师克莱伦斯·丹诺[○]的辩护演说。1924 年，他为内森·利奥波德和里查德·娄波的凶杀指控进行辩护。争论的焦点并非是否有罪（罪名已经成立），问题在于此二人应该判处死刑还是判处终身监禁。

> 然而还有更多人的感受需要照顾。在此还有两个家族，他们坚守正直为人的本分，背负着家族荣誉应有的声名，并将延续至子孙后代。

> 这是利奥波德的父亲——这个男孩曾经是他一生的骄傲。他看着儿子长大，全心全意地照顾儿子，为儿子操劳一生。儿子过去一直聪明有为；他尽心培养儿子，本以为儿子的名声、地位和大好前程都在前方等候着，如同以前憧憬的一样。作为一位父亲，目睹生活的希望化为乌有，是多么艰难的一

○ 克莱伦斯·丹诺（Clarence Darrow）（1857—1938），被后人誉为美国历史上最伟大的辩护律师，在其律师生涯中，他成功地代理了许多起疑难复杂的经典案件，主要包括《洛杉矶时报》大楼爆炸案、煤矿罢工事件、娄波和利奥波德谋杀案、著名的进化论法庭辩论等，他为美国社会的劳工领袖、无政府主义者、有色人种、进化论传播者、未成年人以及其他形形色色的刑事被告人出庭做过无数次精彩的辩护。——译者注

件事。

不应该考虑他的感受吗？不应该考虑他兄弟们的感受吗？就这样把他的儿子、他们的同族送上绞刑架，让这个故事世代流传下去。这样的做法于社会有任何好处，于你们的生活安稳有任何改善，还是于人类的生命有更高的安全感呢？

娄波也是如此。娄波的父母早已不堪重压双双病倒，只有他那虔诚的叔伯弟兄日日守候在此，正在等待着那重要性明显高于对你我意义的一纸判决。在一大片丧亲之痛中，这些感受有人能体谅吗？

他们还有权利吗？尊敬的法官大人，有任何理由能让他们的高贵姓名以及拥有高贵姓名的未来所有子孙后代都被刻上这样的污名呢？还有多少男孩女孩、多少未出生的小孩子要体会这样的痛苦？老天知道，现在的局面已经糟糕透顶。无论如何都是无济于事，但它还不至于要让人死在绞刑架上。除以上我所说之外，还恳请法官大人挽救两个可敬的家族于无穷无尽的蒙羞之中，而此种蒙羞对于帮助生者毫无助益。

与诉诸怜悯紧密相连的是诉诸罪恶感。让我们回顾前一个例子。有人给我们展示了一张饥饿儿童的图片，然后又给我们展示了另一张温馨的家庭聚餐图片。"你们衣食无忧，"宣传语这样写着，"你们什么都不缺。比起全世界上百万的挨饿人群，你们心安理得。"我们因为生活舒适而被动地产生罪恶感。此外，它还暗示甚至可以说是明示：如果不捐款，我们的罪恶感更强。以后享用晚餐时，我们会不自觉地想起饥饿的儿童。这样的情景会一直萦绕在心中，直到我们捐款为止。

对于这样的诉诸罪恶感有三点需要说明。第一，任何人无权践踏我们的情感天平。第二，除非能给出充足的理由支持我们应该有罪恶感的推测，否则此种推测无足轻重。第三，就算我们有罪恶感，也没有任何理由去做宣传所鼓吹的事情，因为仍然无法保证我们的捐赠会带来任何明显的好处。

诉诸恐惧则试图恐吓我们，让我们做出特定的行为或者接受特定的信念。"如果你不照做 X 事情，就会发生 Y 事情。"当然，Y 事情的后果非常可怕。"如果你不先杀死敌人，敌人就会先干掉你。"但是，为证明此命题正确有效，表述者有义务证明 X 事件和 Y 事件之间的确切因果关系。举个例子，你把车开到修理厂做保养，机修工告诉你传动装置快要松了，然后又进一步描述传动装置真的松了会有什么后果。如果机修工是个寡廉鲜耻之人，那么他只不过是在诉诸你的恐惧。否则为证明他的断言合理，他有义务详细地告诉你为什么他认定传动装置有缺陷。

有时候诉诸恐惧是私下形成的。集团犯罪所雇用的保护伞就是这样一个例子。"知道比利酒吧吗？看到那场疯狂的大火都烧成什么样了吧？难道你就不想找个保护伞靠靠，保证那样的事情不会发生在你自己身上？"有时候这样的诉求甚至更加隐秘。比如，对于敢于违抗某组织意愿的个人，公然施压或者私下进行威胁："亨德里克医生，难道你没意识到，如果你认定钢铁厂污染环境的事实引起社会骚动，会导致钢铁厂倒闭吗？如果钢铁厂倒闭，成千上万的人就会失业。相信不会有人愿意找一个导致成千上万人失业的医生看病吧。"

在为本书准备素材的时候，我收到一家百货公司的以下来信，我在这家公司有个储蓄账户，而且该公司刚刚成立保险部门。

> 有人收到此信居然无动于衷。我很好奇。也许是这份保障太超值，我没想到和您一样选择记账交易的客户会拒绝它。
>
> 也许我不该如此惊讶。您可能已经有足够的保险以保障日常旅游面对的风险，也许您会使用积蓄来支付大型医疗费用，而且，即使您的积蓄不是太多，长期瘫痪的隐忧也不会特别困扰到您。果真如此的话，我真高兴您被保护得如此周到。
>
> 但是，您为什么要用积蓄来支付本可以用保险来支付的费用呢？别做这种事了。在本单日期截止之前填好申请表格寄给我们吧，就这么简单，您不用再花冤枉钱了。

第一段隐含了本章后面要讲到的一个手段——**诉诸真诚**，然后还有一点儿恭维：如果我是 X 公司的客户，那么肯定是因为我很明智；如果我很明智，那么肯定是因为我能看到他们保险计划中的智慧。

第二段更有意思，是个诉诸恐惧的好例子。这一段几乎在吓唬我，它用暗讽对我暴击，并诱使我想象恐怖的事情。从长远来看，花钱买心安是多么划算啊！

诉诸希望。"如果你做了 X 事情，Y 事情就有可能发生；如果你想要 Y 事情发生，就去做 X 事情吧。"但是，说这话的人既无法保证 Y 事情一定会发生，也没有任何好的理由证明 X 事情对 Y 事情有显著影响。州彩票活动就是利用这一手段。人人都想赢得十万美金，一旦听说有人中了奖，尤其是当配合使用"这也能发生在你身上"的营销说辞，这种希望所带来的感觉会令人忘记真正买到中奖彩票的机会是多么渺茫。

诉诸恭维。如果有人恭维我们，我们就会容易混淆对于恭维者的好感和恭维者真正表达的意思。贝丝恭维乔治，乔治享受贝丝的恭维，因此乔治对贝丝的一切都有正面倾向，也更加容易顺从贝丝的立场。但是，请注意，贝丝并没有提供任何正当的理由让乔治接受她的观点。

诉诸地位。有些人非常在意社会地位。他们炫耀这个是 Gucci 牌的，那个是 Pucci 牌的，他们开国外名车，他们无论买什么东西，名牌商标总是最重要的。这些人觉得，财富外露会让他们显得更加重要、更加与众不同、更加优雅或更加精明老练。这些人更容易受到声称能提高社会地位的诉求蛊惑："充分彰显你独一无二的品位"是为一支 150 美元的圆珠笔打广告。毋庸置疑，一个人独特地位的取得是靠他的行为而不是靠他使用的产品。但这些人对烤鸡配米饭不屑一顾，却对 arroz con pollo（西班牙语：西班牙米烧鸡）趋之若鹜。

诉诸潮流。此种诉求有些类似于诉诸地位，但不同之处在于，它诉诸我们内心渴望的归属感、不落人后。我们被鼓励到国外旅游，因为一切有品位的人都这么做。我们被鼓励到乡村买宅邸，因为我们的邻居有乡间别墅。日常生活中，"如果有一千万的家庭主妇使用 Sparkle 产品，你不是也应该使用 Sparkle 产品吗！"又是如此，像所有的感性诉求一样，我们去国外、买乡间别墅或者使用 Sparkle 的产品并没有合理的理由。唯一的理由就是不甘人后。

还有**诉诸关爱**和它的小兄弟——**诉诸信任**。有人说你不赞同他就意味着你不爱他或者不信任他。"要么与我同一阵线，要么与我为敌！""如果你以前真正地信任我，你早该和我在一起了。"这种手段并不公平。你赞成一个人与否，与你对此人的喜爱毫无瓜葛。不与某人为伍并不意味着你不爱某人或者不信任某人。在接受任何思想路线或者同意任何行动方案之前，你应该首先确定接受或者同意的理由。否则你的行为可能是不负责任的。此类感性诉求有个共同的名称——**诉诸友情**。我们应该记得，真正的友情有时候需要我们投反对票。

类似于诉诸友情的是**诉诸自豪或忠诚**。"如果你真的为自己的国家感到自豪，真的想看到它繁荣富强，那就买储蓄债券吧。""你什么意思——你一张教会抽奖券都不买吗？你想干什么，反对教会吗？""你再也不带我出去吃饭了，你就是嫌弃我，你再也不爱我了。"诉诸自豪或忠诚通常是一种令人眩目的过度简化。不购买储蓄债券并不意味着对国家不忠诚。不购买抽奖券并不意味着对教会不忠诚。不带妻子出去吃饭并不意着你不再以她为荣，或者不再爱她。

诉诸真诚。此种诉求非常有效，尤其适用于演技派。这种人采用认真、诚挚、不出风头且绝对谦卑的语气，看上去此人说话绝对发自肺腑，他频频止声，仿佛很难找到合适的词语表达他的下一想法。他的感情是如此深沉，以至于一般的语言无法表达。他不断地重复字词以示强调。加强语气的动词形式（以语气助词 does 和 do 的形式）和副词——真实地（really）、千真万确地（genuinely）、实实在在地（truly）、绝对无疑地（absolutely）、实事求是地（actually）——都是用来加强真诚感：

> 因此，女士们先生们，我相信，我坚定地相信，这个提案很有必要，非常必要。我是真的这样认为。我试过给反对派公平的机会，真的给过。我仔细调查研究过他们的立场，但是我确认无疑，他们的提案会给我们的经济系统带来一场浩劫，毫无必要的一场浩劫，无可挽回的一场浩劫。我是真的这样认为，如果他们花时间想透了他们意见中所隐含的意义，如果他们思考过从现在开始的两年……三年后会发生什么，如果他们的想法被实施……

诉诸群众。最后一个感性诉求可能涵盖了许多本章提到的其他诉求，也许是大部分诉求。这是对群众的诉求，对暴民的诉求，对议会旁听者的诉求。一概而论、陈腔滥调、标语口号、老生常谈、道貌岸然地哗众取宠以及歌颂大众等泛滥成灾。以下是内政部长哈罗德·伊克斯在 1941 年的演讲：

是什么构成了美国人？不是肤色、不是种族也不是宗教；不是家族的血统，也不是出生地；不是公民身份的吻合一致；不是社会地位，也不是银行存款；不是生意，也不是职业。美国人是热爱正义、主张人类尊严的人；美国人是可以为自身和邻人的自由而战的人；美国人是可以为了保持自身和孩子的自由人权利而牺牲财产、舒适和安全的人；美国人是在心里刻下不朽的《独立宣言》第二句的人。

美国人一直知道如何为自身权利而战，为自己的生活方式而战。美国人不害怕战斗。为了正义的事业，他们可以快乐地投入战斗。

我们美国人都知道，自由就像和平一样，是无法分割的。如果世界上还有3/4的人类遭受奴役，我们就无法独善其身。暴行、不公和奴役，如若普遍而系统地施行，一如独裁者曾经的所为，终将摧毁我们，好比邻居的房屋失火，我们不去扑救，终将殃及自身。

最显而易见的一个诉诸群众的例子就是道奇欧米尼汽车的广告，这个广告在取悦大众方面实在是太过分了。铺开的两页纸中间横跨一行字：妈妈的欧米尼。左边的纸上是一位女性的照片，此人光鲜靓丽、富有魅力，20多岁或30出头。她带着两个孩子，一个男孩和一个女孩，对着道奇欧米尼汽车摆姿势，然后就是花言巧语的推销词。

貌似欧米尼天生是为妈妈而打造的，可解决家庭杂务和跑腿差使，可接送姐妹们游玩取乐，所有这些竟不会搅乱她的燃油预算。

美国国家环境保护局（EPA）估算：

高速公路：39 英里[⊖]/ 美加仑[⊜]城市道路：25 英里 / 美加仑

根据美国国家环境保护局估算，配置标准 1.7 升引擎、四速手动变速器和差速比率 3.3 的欧米尼汽车额定耗油量为 39 英里 / 加仑（高速公路）和 25 英里 / 加仑（城市道路）。尽管由于不同的车况和驾车方式妈妈们的里程会有所不同，但这真算得上高效的行程啊（加利福尼亚州妈妈们的里程数更低）。

欧米尼还有很多优点值得妈妈们喜欢。多亏它有前轮驱动和精准的齿条齿轮转向器，操作简单、停车便利、座椅舒适，还有任意可选的诸如自动变速挡、空调、智能布艺内饰，以及更多选择。

道奇欧米尼有四个全开门。无论妈妈们是需要拎很多购物袋，还是对付一堆小孩子，或者只是一天中四处奔忙的普通进出……这四个门都很管用。

然后还有欧米尼汽车的后备厢。打开后备厢，迎面是一个特殊的储物隔间，盖着一块安全嵌板，里面可放五六个甚至七个食品杂货包、四个装满的高尔夫球袋，还有所有的零

⊖ 1 英里 =1609.344 米。
⊜ 1 美加仑 =3.785 41 立方分米。

碎物件……全部收拾得井井有条。或者你可以支起后备厢门，放倒后座和安全嵌板，把欧米尼变成一个具备超级货物装卸功能的旅行车，可放置摇椅、壁炉的燃木或儿童护栏。

此广告所流露出的傲慢语调足以令人愤怒。这种虚情假意的诉求对妈妈们非常无礼。它预先设定立场，认定妈妈们都头脑简单、无足轻重，度日方式无非就是操持家务、和姐妹们游玩取乐，扮演着不用动脑的佣人角色。以此来看，差速比率 3.3 对于这些妈妈们并不重要，她们健康的脸上永远只会盛开着补牙般的傻笑⊖，只是差速比率 3.3 至少听起来令人耳目一新。谁在乎妈妈们懂不懂它是什么意思呢！只要她们能把五六个甚至七个食品杂货包放进后备厢，或者甚至还能放进儿童护栏，哪还有什么更重要的事情呢！

然后还有一个发音上的小把戏——mOM（妈妈）和 OMni（欧米尼），至少这一点比较巧妙。余下的纯粹就是诉诸群众——在这种情况下的人群是家庭主妇群体，但是很遗憾，这只是对家庭主妇的固有成见。

在诉诸感情的广大领域里，并非仅有这些策略，还有鼓吹和暗示的内容，会在后面章节一一揭示，但直接针对特定情感的主要诉求就是这些。

最后，有一点必须反复申明，感性诉求并非本身有错。有时候，这样的诉求只是反映了内心深处的感受或者信念。那位

⊖　补牙的时候嘴巴僵硬地张开着，形容傻笑状。——译者注

妻子也许真的被她心里认为"丈夫冷落自己"给伤害了,在她对自尊进行感性诉求时,情感自然流露出来。那位机修工有可能真的认为你的传动装置即将导致严重问题,他可能把诉诸恐惧作为一种便捷的手段,让你做出他认为必要的防备。而道奇欧米尼也许就是一部绝世好车。重要的是,你要认识到感性诉求可能反映了某些未言明的感受或信念,还留有一条底线未被明确地表达,或者还有一条隐藏的事项未被确认。一方面,也许那位试图说服你购买教会抽奖券的人是真的很想帮助教会;另一方面,也许他只是想完成抽奖券配额任务。永远记得找出什么是底线,或者探明隐藏的事项。感觉很重要,但人不能只依赖感觉行事。行动必须要有理性。正是由于理性的含糊不清,感性诉求才变得危险。

第 3 章

感性的语言：宣传鼓动

我了解你们人类。你们都是乖乖听话的羔羊。

总是由少数人统治，极少或从未让大多数人说了算。

你们压抑自身的情感和信仰，听从一小撮最能叫嚣的声音。

有时候这喧嚣的一小撮人是对的，有时候是错的；

但无论对错，大众始终跟随。

人类中的绝大多数，无论是野蛮还是文明，

都不可思议地心地仁慈且避免给他人带来伤害；

但在野心勃勃、冷酷无情的少数人面前，他们却不敢维护自身的权利。

——马克·吐温（Mark Twain），《神秘的陌生人》，

第九章（*The Mysterious Stranger*, IX）

我们忍不住会认为宣传鼓动是邪恶的，鼓吹者都是阴险的家伙。我们勾勒出寡廉鲜耻的政客嘴脸，歇斯底里的暴民形象，慷慨激昂的演说，整齐划一的阅兵游行。

诚然，这些画面反映了一种宣传鼓动的方式，但仅仅只是其中一种。在广泛意义上，宣传鼓动只不过是一种说服手段，一种诉诸感性而非诉诸理性的形式。它依赖于人们对暗示的感

受。它企图诱使我们以特定的方式来行动或思考；它企图影响我们的信念并最终影响我们的态度。它的手段通常狡猾而隐秘。鼓吹者不会当面摊开他的手牌：有一个隐藏的动机，一条底线，隐而不发。

成功的鼓吹者善于俘获我们的情感。他大量运用第 2 章所提到的感性诉求。他说着我们想听的话，赢取我们的信任，然后开始巧妙地影响我们的态度。鼓吹者几乎从不为其所倡导的内容提供完好的理由。即使他提供证据，也是精心选择之后的一面之词。他将事情过度简单化，并且常常任意歪曲事实。

以下详细说明鼓吹者可能采取的一些策略。

随波逐流。"大家都这么做。所以，你也应该这样做。"显然，此命题过度简单化，并不是大家都这么做。随波逐流策略至少发挥了两方面作用。第一，它企图造成一种印象，有许多人都在做某件事情或者支持某种立场；然后它暗示群众的判断是合理的：如果这么多人都这么做，那它一定是对的。第二，更重要的一点，随波逐流策略是满足我们内心归属需要的一种情感诉求。我们不想被别人抛弃。"所以，跳到乐队花车上来。融入狂欢的人潮，享受快乐和安全感。"

不断重复。鼓吹者反复地诉说某事。他每次可能使用不同的措辞，但主题却始终如一。此种理论就是，如果你重复诉说的次数足够多，人们终究会相信你。

自信。鼓吹者的谈吐也是自信满满的。他留给人的印象是知道自己在说什么。他的声音铿锵有力，他的表情大义凛然，他的肢体动作坚毅果敢。此处的理论如下：如果有人如此自信，如果他对自己的立场如此确信无疑，那他肯定是对的。人们喜欢支持胜利者，而自信的姿态使人看起来像个胜利者。

认真和真诚是两个额外的特点。一个人外表看起来越是认真和真诚，越容易获得人们的信任。

过度简单化。鼓吹者选取事物的一个方面，并且把它视为宛如仅有的一个方面。比如参与党派竞选的候选人可能只会提及对手的弱点，完全忽略对手的优势所在。他选取一个复杂的问题，然后将其简化到极致，通常以"要么……要么……"二者择其一的方式呈现该问题："要么你跟随我，那样对大家都好，要么你不跟随我，那样必定损失惨重。"我有**唯一的**解决方案，他继续暗示，全然不顾如此复杂的问题并非仅仅靠一个方案就能妥善解决。类似地，如果他谈及一个现有的问题，他会过度简单化该问题的起因："问题皆出自……"显而易见，过度简单化的行为是一种恶意曲解的行为。

污名辱骂。鼓吹者对不喜欢的人物或者观点冠以污辱性的绰号，或者使用引起强烈贬损意味的名称；对喜欢的人物或观点，则致以谄媚般的称呼，或者使用引起强烈褒扬意味的名称。他打算用他的命名来影响我们的态度。他们有时候也会使用"标签"："种族主义者""无政府主义者""激进分子""反动派"。这些标签在误导受众方面确实效果很好，但它们是不可信的，除非他先做好词语定义，然后给出证据。

刻板印象（心理定势）。这是污名辱骂和过度简单化的一种变式。鼓吹者抓住对方的某一性格特征，经过夸张变形，然后视之为唯一的性格特征。这个技巧曾被用来反对已故前副总统休伯特·汉弗莱，不断有人把他画成漫画形象的风囊（比喻饶舌之人）来进行讽刺。诚然，休伯特是喜欢说话，但他的确经常有重要的事情要宣之以口。刻板印象剥夺一个人的复杂性和独特性，将其简化为一种品质。[⊖]

光芒万丈的泛泛而谈。鼓吹者发表大而无当、概括笼统的言论，通常这种言论会带来盘根错节、影响深远的复杂后果，而他却故意忽略这种复杂性和纠纷。"我们必须进行税制改革，"他自负地断言道，"穷人已经承受国家税负重担的冲击很久了。"然后他痛斥在野党剥削穷人，没有争取到有效的税制改革立法，但他本身却开不出良方。他沉浸在泛泛而谈的满足中，自鸣得意。光芒万丈的泛泛而谈很安全：如果连具体规划都没提供，又怎么会受到批评呢？

标语口号。受众会记住讨巧的标语口号，而不去质疑标语口号本身的意义——实际上，甚至不会思考标语口号的意义：**美国——要么爱，要么走开。要爱情而不要战争。如果枪械是不合法的，那只有不法之徒才能拥有枪械。**

传递。这个技巧鼓励我们将情感传递下去。香烟广告经常使用这种技巧。广告背景是科罗拉多大峡谷，广告显著位置是

⊖　刻板印象主要指人们对某个事物形成一种概括固定的看法，并把这种看法推而广之，认为这个事物或整体都具有该特征，而忽视个体差异。——译者注

一包 L&M 的香烟。大标题上宣称，"骄傲的烟，产自骄傲的土地。"然后是字幕："烟草，美国骄傲传统的一部分，就像科罗拉多大峡谷一样。在利吉特 & 迈尔斯（L & M）公司，我们把烟草制成香烟，无愧于这一传统。浓郁、芳醇、非同一般柔和的 L & M 香烟。骄傲地享用吧。"随手翻开一本杂志就能找到 KOOL 香烟的广告，香烟总是一成不变地设计在一些豪华的田园风光里，放在一片深绿之中。然后还有万宝路牛仔和维珍妮香烟女郎："宝贝，你真是远道而来。"传递的技巧在于它了解我们对自己土地的自豪感，我们向往田园的美丽风光，我们崇拜粗犷的万宝路牛仔和苗条的维珍妮香烟女郎，它邀请我们将积极正面的情感传递至所推销的主体上。

代言。这是传递策略的一种变式。重要或杰出的人物或组织为一个观念或者产品代言。我们仅仅因为杰出的人物为其代言，而被鼓励去支持这种观念或者产品。该理论如下：X 是一位重要人物；除非 X 更杰出或者比我们更有见识，否则他不会如此重要；既然 X 如此重要，因此他更杰出或者比我们更有见识；因此，他知道自己在说什么；因此，我们应该相信他。我们被鼓励将对此人的肯定传递至他背书的观念或者产品。

平民百姓。"我和你们一样。"鼓吹者有时候企图通过我们对他的身份认同，从而赢得我们的支持。他参加镇民大会，拜访医院，不拘礼节地摆姿势拍照片。吉米·卡特总统就使用过这种技巧，当他在电视上露面时，他穿便装毛衣而不穿正装。这里的技巧被用于高尚的目标：节约能源。如果总统都能通过明智地选择穿衣而节约能源，我们难道不应该这样吗？

刚才援引的例子需要做一下重点说明。宣传鼓动可以用于不光彩的目的，也可以用于高尚的目标。因此我需要再重复一遍定义：宣传鼓动仅仅是一种说服手段。

平民百姓策略背后的理论认为，如果我们认同某人，我们就会支持他的说法。该策略是传递策略的一种变式。

商业广告当然也利用了这一策略。选用"街头百姓"就是一个典型的方式。比如有一种牌子的苹果馅饼"就像外婆亲手做出的味道"，以及频繁展现一位典型的家庭主妇，她使用的某种产品让她如此快乐和自由。

讲究派头的诉求。另一方面，宣传鼓动可能利用人们对社会地位的需求，或者利用人们对特殊待遇的渴望："适合具有独特鉴赏能力的人群""并非所有人都能拥有""品质专为有品位的人""一探高雅""为在意的人，奉献最好的"……

缺少背景知识的统计数据。鼓吹者可能给你提供大量的统计数据，但很少会告诉你这些数据的背景知识。他几乎不会告诉你他是如何收集这些数据的，数据来自哪里，或者有多少人参与了投票。只要找对五个人，你几乎可以让任何事情都收获80%的支持率。

大数字。这是随波逐流（乐队花车）策略的一种变式。欧莱雅染发剂广告宣称："全世界超过25万名美发师相信欧莱雅染发剂适合你，还需要多说什么？欧莱雅，25万名美发师绝不会错。"还有一个大数字策略的绝妙例子出现在大众汽车的广告中。大标题为：为什么大众高尔夫在底特律进口车辆中销量排名第一？宣传语为："如果说底特律人了解什么，那一定是汽车。他们吃饭、呼吸和思考都离不开汽车。当他们考虑进口汽车时，他们买得最多的是大众高尔夫。"显而易见，25万名美发师和底特律人民都不会错！

人为捏造的困难——坏人，替罪羊。鼓吹者人为捏造困难或者夸大困难，企图让你相信问题如何严重，然后通过将问题归咎于某人，或者暗示他的建议可以解决困难，来为你排忧解难。鼓吹者常常需要一个坏人，一个牺牲品或替罪羊，供其强烈谴责。他的义愤填膺使其听起来真诚可靠，也让他所谈及的问题听起来越发严重而紧急。

彻底扭曲。有时候鼓吹者筛选信息以呈现片面的观点；有时候他甚至编造数据以达到个人目的；有时候他就直接撒谎。由于我们不知道事实真相，我们就无法质疑他。由于我们无能为力，就像他背对着我们洗牌，而他却能看到底牌；因此，这个策略有时候被称为**作弊洗牌法**。

指挥命令。这种策略有危险，因为它很容易适得其反。有些人很乐意按照指令行事。当鼓吹者发出指令，他就在诉诸渴望权威的需求。

再次说明，这一点必须着重强调，就像感性诉求并非本身有错一样，宣传鼓动也无本质错误。但是，我们必须认识到宣传鼓动的本质，拒绝任其摆布。

第 4 章

感性的语言：暗示

聪明的读者，能够读懂字里行间并未言明的意味，
从而形成某些概念。

——歌德（Goethe），《歌德自传》（*Autobiography*）

当你做出暗示的时候，你所说的事情至少会在两个不同层面上发挥作用。你的言语形成一个特定的说法，但此说法背后还有一个更加含蓄的说法。你的说法蕴含更多的言外之意。它另有所指，它反映了未明确表达的信念或态度。暗示可以将观念装进听众的头脑；它引导听众自行推理；它无须言语相邀，便能引导听众接受一种信念或态度。

达到暗示效果的手段各式各样。暗示可以是煞费苦心的极力彰显，也可以是羚羊挂角无迹可寻。当有人做出暗示时，他可能正在一探虚实，企图探明别人对他所想事物的接纳程度，放出诱饵，观察其他人如何反应，或者他想通过暗示来探究别人的真正想法。

艾伦和安妮正在交往。"去我家吧，我们在那儿更自在些。"艾伦说道。他正在犹豫要不要说出头脑中的真正想法。如果安妮欣然同意，艾伦会觉得更有信心和希望。如果她面露不悦，艾伦就知道要谨慎行事。即使她不同意，至少艾伦也没有折损颜面：安妮并没有拒绝他的示好，只是说不想去他家而已。暗示可以让艾伦一探虚实，而不用真正地做出表态。

一对夫妇路过珠宝商店。"好美的项链啊！"妻子惊叹不已。她可能很想要项链，但不愿求丈夫购买。她的意见可以让丈夫采取主动。如果他毫无反应，至少她没有被拒绝所伤害。

有些人可以直接表达自己的想法，能够接受坦率的回答而不觉尴尬。然而大多数人觉得用言语直接表达自己很困难，他们需要安全屏障。暗示可以提供此种保护。人们依赖于暗示，因为他们缺乏信心，因为一句直白的"不"大约预示着他们不想看到的终局，或者因为他们觉得语言不足以表达自身的感情。

有时候暗示也会适得其反，就像暗示所包含的线索一样，它会遭受误解。尽管如此，对某些人而言，它仍是有效的盾牌，是避免表态的一种手段。言语可能冷静客观，也可能词不达意，而对某些人而言，婉转要比直截了当更加容易，而且也许更加安全。

在此多说几句。我们经常感受到良心和本能的冲突。在上述安妮和艾伦的例子中，有可能安妮的良心告诫她不应该和艾伦回家，但她的本能却告诉她应该去。如果艾伦过于直截了当，她就会做出清醒的选择，她的良心可能占据上风，而她也许会拒绝艾伦的请求。但是，假如艾伦没有使用语言，而是采用循序渐进的策略，安妮可能会搁置良心的指令，而允许她的本能，比如真实的欲望，来取代她的良心。所以，暗示对艾伦有帮助，对安妮也有帮助。至于第二天早晨有多少不安甚或后悔，就是另一个问题了。

重音强调。一个人可以仅仅通过重音强调特定的词语，就能暗示许多内容。举例而言，请注意以下声明："我从未企图在我的所得税上弄虚作假。"如果发言人强调*我*，那么他可能在暗示你或者其他人企图弄虚作假。如果他着重强调*企图*，那么他可能暗示的确有时候出于无心之过而弄虚作假。如果他着重强调*弄虚作假*，那么他可能暗示他没有真正地弄虚作假，但他的确走过捷径。如果他强调*我的*，那么他可能暗示当他为别人准备纳税申报表时确实企图弄虚作假。如果他强调*所得*，那么他可能暗示他确实在其他课税领域弄虚作假。而如果他重音强调*所得税*，那么他可能暗示虽然他没有在他的所得税纳税申报表上弄虚作假，但他在其他领域弄虚作假。

当然，如果声明是以印刷方式出现的，那么读者可能因为不同的重音强调而误解原意。

挑选

有人通过证据的挑选，试图激发特定的信念。一位妈妈问儿子："你这学期英语学得怎么样了？"他心情愉快地回答："哦，我刚刚在课堂测验上拿了 95 分。"这种说法隐瞒了以下事实，他其余的课堂测验都不及格，实际上他的平均分只有 55 分。然而，如果她不再深究此事，这位妈妈也许会为儿子的好成绩而兴高采烈。

琳达问苏珊："你读过很多狄更斯的作品吗？"苏珊回答："噢，《匹克威克外传》(*The Pickwick Papers*) 是我最喜爱的小说之一。"这种说法可能掩饰了《匹克威克外传》是她唯一读过的狄更斯的小说这一事实，而且它可能给琳达以苏珊是狄更斯狂热崇拜者的印象。

语调

我们的语调可以暗示一种信念或者一种态度，无须直言不讳，也无须旗帜鲜明地表明信念或态度。一位教师逮到学生在浴室抽烟，他认识到必须告发他，然而他又很喜欢这位学生，不希望守则的全部分量都落到他的身上。所以，他轻轻地走进校长的办公室："恐怕我要告诉您一些不好的消息，"他用柔和而痛心的语调发表意见，"我刚巧撞见特迪·琼斯抽烟，而他最近一直表现很好。"这位教师在此处使用了三种技巧：

（1）他用低调处理和温和语调暗示问题并非很严重；

（2）他用委婉说法"撞见"而不是"逮到"，试图消除事件中的尖锐；

（3）"而他最近一直表现很好"试图让校长产生有利于该学生的倾向。该教师没有明确地说希望校长手下留情，但他的描述已经确定无疑地在请求校长手下留情。

如若不然，这位教师尽可以怒气冲冲地闯进校长办公室，用严厉、高亢的语调告状："我刚刚逮到琼斯在浴室抽烟。"他并没有清楚明白地说希望对该男生严加管教，但他无疑将校长推向此种心境。

措辞

一个人陈述事情的方式具有暗示性。在上述例子中，那位教师可以采取的两种截然不同的措辞方式就阐明了这个原则。在第二种方式中，通过使用强式动词逮到，并且提及该学生时称呼琼斯而不是特迪·琼斯，暗示了一种强烈的否定态度。

两种命题"贝蒂迟到了"和"贝蒂还未到达"可能包含相同的外延意义，但是第一种命题暗示了否定的态度，而第二种命题则暗示了中立态度。

伯特兰·罗素设计了一个系统，以阐释如何用命题来暗示态度。他开玩笑地把这个系统称之为"配对不规则动词"。举个例子：

- 我很坚强。
- 你很顽固。
- 他是个猪头般固执的傻瓜。

每一命题都暗示了不同的意义：

- 我很坚强，这是件好事。
- 你很顽固，这不是件太好的事。
- 他是个猪头般固执的傻瓜，这是件极其糟糕的事。

等价命题可用不同的措辞方式来暗示不同的态度，以下一对句子就是经典例证：

- 大水罐有一半是满的。
- 大水罐有一半是空的。

两个命题做出了相同的主张，但表达的态度各不相同。注意以下命题：黛茜比黛碧更胖。大多数人听到此句后，想当然地认为黛茜很胖。如此假定未必真实。该命题所陈述的仅是黛茜比黛碧更胖，它没有说黛茜很胖或者黛碧很胖。同一道理，该命题还可以如此描述：黛碧比黛茜更苗条。现在我们勾勒了两位相对较瘦的女孩。但是，同样地，该命题并没有表明黛碧很瘦或者黛茜很瘦，它仅仅描述其中一个比另一个更瘦。

选词

选词非常重要。有些词可能含有相同的外延意义，但每个词能唤起的想象各不相同：

修长（svelte）、苗条（slender）、瘦（thin）、羸弱（lean）、骨瘦如柴（skinny）；

刺鼻气味（odor）、气味（smell）、芳香（aroma）、清香（scent）；

天真无邪（innocent）、幼稚（naive）、胸无城府（ingenuous）、轻信（credulous）、赤子之心（gullible）。

官僚（bureaucrat）代之以办公室职员（office worker），官员（functionary）代之以公务员（official），锯骨人士（sawbones）代之以外科医生（surgeon），诸如此类的文化内涵词看似仅仅是下定义，其实是在进行评价。

我们必须谨慎区分客观描述用词和主观评价用词。塞耶先生对西蒙斯先生说："哎呀，顺便说一句，我们办公室来了新人，里克·罗林斯。我想你认识他。"西蒙斯先生说："当然认识，他是个真正的浑蛋。"现在，西蒙斯已经让塞耶对罗林斯产生了偏见。浑蛋这个词毫无意义，它不过表达了一种反对态度。通常情况下那种令人不快的态度不会遭人质疑。塞耶和西蒙斯继续讨论新的话题，相比之下，西蒙斯对罗林斯的态度就没那么积极了。

要特别留意形容词和副词的运用。我们必须一直判断它们是用于描述特点或者塑造个性，还是用于实际上评价某事或某人。当我说"苹果是绿色的"，我使用绿色这个形容词来进行描述。然而，当我说"赫布绝对嫉妒得发绿了"，我使用发绿这个形容词来进行评价，并对赫布的行为进行批评。除非赫布明确地表示他非常嫉妒，否则我不会知道他很嫉妒。最多，我可以做出近似事实的推断，而你作为听众，可能把它当成事实来接受。当我说本（Ben）小心翼翼地走进房间时，我在进行推断。可能在我看来，本走路是小心翼翼的，但我并不知道他实际上是不是小心翼翼。副词小心翼翼地又是一个将推论标榜成事实的例子。

当你听到一个形容词或者副词的时候，不要自动将它所隐含的道德评判作为事实来接受。不要轻易接受形容词或副词所隐含的评价，除非它们有完好的理由相伴。

暗示的另一个策略是隐喻。如果我使用此种表达"然后维维安挑逗性地走向比夫"，这个隐喻挑逗性地走所暗示的内容比真正表达的内容多得多。我不仅暗中指责维维安企图勾引，还诱导你去认可这样的指责。我不仅对维维安表达了反对态度，还试图让你也采取这种态度。隐喻常常用于制造感性偏见，它无须辩护，也不用给出支持偏见的理由。道德评判再一次被标榜为事实。隐喻确实为语言添加了生命与色彩，但它也会被不正当地使用，超越说话者有权暗示的内容进行过多暗示。

并列

表述两个命题，而二者之间毫无联系，但由于两个命题之间相互接近，一种关联性被暗示出来。大标题为"市长决定不再竞选第三任期"。副标题为"*城市濒临破产*"。没有任何地方规定市长应该为城市的财政状况负责，但是读者必然忍不住会做出如此推论。

与主题无关的细节

有时候一个与主题无关的细节突然插入以误导受众。一位新闻解说员做如下报道："我市大都会慈善协会即将开展年度全城捐献活动。该协会近日将办公地点搬迁至新址公园大道335号，本市最奢华地段之一。"通过最后一句"本市最奢华地段之一"，该解说员暗示了大量信息：为什么慈善团体的办公室要设立在城市中如此独特的位置？如果协会能够在如此昂贵的街区买得起办公室，它是怎么花销的？但请注意，尽管新闻解说员没有直白地表达他的疑虑，但通过间接的讽刺，他已经请求受众得出自己的结论。而现在，这个假设中的大都会慈善协会很有可能已经关门大吉。如果那是真的，新闻人士应有责任获取事实并呈现事实。否则，他的行为就是不负责任。

国内首屈一指的一家杂志曾就颇具争议的药物苦杏仁苷写了一篇文章。以下是其节选：

　　苦杏仁苷的起源追溯至 19 世纪 20 年代，当时恩斯特·克雷布斯医生是一名旧金山内科医生，他正在寻找一种改善私酿威士忌烈酒口感的物质。他灵光乍现般将注意力转向寻找治疗癌症的物质，并最终发现了天然杏仁榨取物貌似对鼠类有抗癌作用。然而，他很快便证明这种物质对人类的使用价值无法估计。后来在 1949 年，小恩斯特·克雷布斯，一位生物化学家，医学院辍学生，提纯了他父亲的榨取物，并且分离出活性成分。

　　紧随克雷布斯父子，苦杏仁苷运动的一位重要人物是年届 60 的安德鲁·麦克诺顿……一位传奇流浪冒险企业家，曾在卡斯特罗领导古巴革命中充当双重间谍，并贩卖军火。他为非常规科学理论研究创立了一个基金会。1956 年与克雷布斯父子在一家迈阿密药房见面之后，麦克诺顿把苦杏仁苷列为该基金会头号议程。

现在，重新阅读以下片段，注意以下措辞：

- 寻找一种改善私酿威士忌烈酒口感的物质；

- 灵光乍现般；

- 医学院辍学生；

- 一位传奇流浪冒险企业家，曾在卡斯特罗领导古巴革命中充当双重间谍，并且贩卖军火；

- 非常规科学理论；

- 在一家迈阿密药房。

这里每一段措辞可能都是真实的，但在此背景下，它们是与主题无关的。然而，它们确实加深了人们对苦杏仁苷的偏见。我们的情感就被这些与主题无关的细节和颇具内涵的措辞玩弄了。

意象词汇

然后还有意象词汇。正面的意象词汇试图让事物听起来比实际更好，或者试图减轻人们在不愉快场合中的苦恼。有个闪光的例子，用"资深公民"的措辞来指代老年人。类似芳香花园、森林府邸、林中地产这样的名字，常常为平淡无奇的住宅所选用（当然，许多这样命名的住宅都挺好的）。圆珠笔被称为书写利器。军方发言人发表如下评论：

> 昨晚第 43 大队参与一系列防御性打击，终结了几伙居民，预先指挥的空中支援补充作战。温和的战火被降至最低程度，战略性无指挥的目标攻击仅仅发生在低优先级地区。

以下翻译如何？

　　　　昨晚第 43 大队袭击了几个村庄，杀死大量人员。飞机轰炸从旁协助作战，一些无辜平民被杀，但为数不多。有些导弹错失目标，但造成的伤害并不太大。

军方发言人试图用委婉说法来掩饰事实真相，即这里发生了令人难堪的拙劣失误，无辜平民被杀害。

浮夸的语言

　　浮夸的语言（有时候被称为*行话套话*或者*故弄玄虚*）通常用于将平凡琐碎的事物夸大为无比重要。蒙大拿州荒野保护区的研究报告如此陈述："在模型组成部分之间定义函数关系中，荒野化—城市化连续统一体多维概念取代安稳—持续性概念。"
　　当有人质疑该语句的含义，以及它毫无必要的冗余表达方式时，该语句的作者回应说，他试图表达一种非常复杂的概念，"还未准备好发表在《读者文摘》（*Reader's Digest*）上的复杂概念。"几乎没人能够接受如此乏味的组词造句，它只是一种夸大其词的表述方式，只配当作*官样文章*被人弃用。

负面意象词汇

　　从另一个角度看，负面意象词汇带来相反的效果。它们让事物听起来比实际的状况更糟糕。"红袜队昨晚遭遇大屠杀""这样的白痴无权参与竞选公职""这个地方就是个垃圾堆"。

控制性措辞

暗示有时候会以控制性的方式表达问题来诱发。"你一定会……""你不会……""你肯定会……"这样一些措辞以及类似用语，企图在对方未做出反应之前就提前控制反应。如果坚定而独断地提出疑问，它所蕴含的内容则更丰富。"你今晚不是真的想出门，对吧？"让你很难开口回答，"不，我真的很想出门。"

另一个例子：背景是一场政治集会，人们试图确定候选人对不同问题的看法。特纳先生提问："先生，我想知道您对学校问题有什么看法。如您所知，目前有很强烈的动向要将高中部迁址，但是我们很多人同样强烈地认为高中部应该留在原地。如果它搬迁了，此房间里的大多数人会感到毫无必要的不方便……对增加的城市税负只字不提。那么，您是什么立场？"

如果特纳先生的本意是让候选人以一种特定的方式来回应，那么他的措辞可能非常恰当。但如果他的本意是想获悉候选人对此问题的真实看法，那么他的措辞方式就很愚蠢。该候选人会立刻知道受众想要的回答，之后的回应就带有足够的灵活性，可以避免冒犯受众。

当我们使用感性的语言或者暗示性的语言时，我们通过用词和语调来表达支持或反对态度。我们经常这样做，却没有为我们的态度提供坚实的理由。而后，听到我们话语的人们会忍不住接受我们的态度和信念，而不去调查背后的理由。理由可能不健全、无力、有偏见、有成见或不公正，也可能没有正当的理由，但是感性的或者暗示性的语言掩盖了这个事实。因为我们语言的力度，人们可能毫无疑问地接受我们所说的内容。感性的语言总是更多地论及说话者本人，而不是所说的内容。

第 5 章

逻 辑 谬 误

永远自以为是，永远一往无前，从未迟疑不决，
蠢材独领世界风骚，岂非拜这些伟大品质所赐？
——萨克雷（Thackeray），《名利场》，
第 35 章（*Vanity Fair*, XXXV）

当然，并非所有语言都是感性的，有些语言或大多数语言要么声称涉及推理，要么确实涉及推理。当它确实涉及推理时，推理也许是正确的（满足特定的逻辑要求），也许是荒谬的。

谬误是指思维或推理的错误。严格来说，它并非事实错误或者信念错误。它与思考过程有关，因此，它从属于推论，而

非从属于形成这些推论的命题。此外，**谬误**一词一般用于表示看似正确、通常很有说服力而实际上却是错误的结论。

有一种思维过程称为**论证**。论证是一系列的命题，其中某些命题是**前提**：断言、理由、主张；**结论**则源于这些前提。论证主张：因为前提是正确的，所以结论是正确的。如果结论确实是合乎逻辑地从前提中推断而来，那论证就是**有效**的；如果结论并非真正合乎逻辑地从前提中推断而来，那论证就是**无效**的。请注意"有效"和"无效"是用于描述结论或者论证的，而不能用于描述前提。当我们论及前提时，我们用真实或者不真实来描述。

无论我们何时想评估一场论证过程，我们都应该同时检查前提和结论。前提也就是论据，必须全面、周密而且准确无误；结论必须毫无疑问、无可辩驳地来自那些论据。如果论证不成功，很可能是以下几个方面出现问题：

（1）论据尚未全面、周密；忽略或者忽视了自相矛盾的论据。

（2）论据不够准确；把错误的、未经证实的或误导性的命题当作事实来主张。

（3）结论未能做到毫无疑问、无可辩驳地来自论据；论据和结论之间的关系并不稳固。

当论证中出现一种或多种此类现象，该论证即可认为是谬误的。该论证声称做过其实并未做过的事情。

还有另一种描述论证的方式，即确定它是**健**全还是**不健**

全。要达到健全状态，首先前提必须真实可靠；其次必须合乎逻辑地从前提条件推导出结论。违反其中任何一条，论证都是不健全的。

让我们观察五种论证方式，每一种都由两个主张并附以一个结论而组成，此种论证形式称为三段论。

1. 前提条件正确，并且结论合乎逻辑地来自前提条件的推导。

- 所有大猩猩都是哺乳动物。
- 波波是一只大猩猩。
- 因此，波波是哺乳动物。

此论证既健全又有效。

2. 至少有一个前提条件是错误的，但结论是合乎逻辑地来自前提条件的推导。

- 所有大猩猩都吃人。
- 波波是一只大猩猩。
- 因此，波波吃人。

此论证不健全但有效。既然第一个命题并不真实，因而论证不健全。但是，既然结论是合乎逻辑地由前提条件推导出来，那么论证就是有效的。如果所有大猩猩都吃人，那么，确实波波这只大猩猩也吃人。

3. 前提条件正确，但结论并非合乎逻辑地来自前提条件的推导。

> - 所有大猩猩都是哺乳动物。
> - 波波是一只哺乳动物。
> - 因此，波波是一只大猩猩。

此论证既不健全又无效。波波可以是一头鲸鱼、一只猴子或一个人，而仍然是哺乳动物。

4. 至少有一个前提条件是错误的，而结论也未符合前提条件。

> - 所有哺乳动物都危险。
> - 波波很危险。
> - 因此，波波是哺乳动物。

此论证同样既不健全又无效。因为第一个前提条件不真实，所以它不健全。因为结论并非合乎逻辑地由前提条件推导出来——波波也可以是蛇，所以它无效。

5. 至少有一个前提条件是错误的，但结论是正确的。

> - 所有人都是动物。

- 大多数动物会爬树。
- 因此，大多数人会爬树。

即便结论是正确的，该论证仍然既不健全又无效。结论正确仅仅是一个巧合：它并非合乎逻辑地由前提条件推导出来。只要用"狗"替换"人"，你就会发现为什么该论证无效。

请注意，**谬误**一词有时候广泛地用于描述信念的错误。因而，如此命题——"接受救济的人并不真正地想去工作"，可以宽泛地称之为谬误。然而从严格意义上讲，它仅仅是不真实的。尽管如此，该命题也可以被认为是谬误，因为这个结论常常出自未明确说明的前提条件。比如：

- 如果接受救济的人真正地想去工作，他们就会找到工作。
- 但他们没有找到工作。
- 因此，他们不是真正地想去工作。

或者，

- 所有我认识的接受救济的人都不是真正地想去工作。
- 因此，所有接受救济的人都不想去工作。

实际上，第二个例子有额外的未明确说明的前提条件：

- 所有我认识的接受救济的人都是接受救济的人。
- 所有我认识的接受救济的人都不是真正地想去工作。
- 因此，所有接受救济的人都不想去工作。

所以，认识到无论正确还是不正确的信念都是建立在一些前提条件之上的非常重要；而决定什么是前提条件是其中的关键。只有在前提条件先经过暴露再接受检验后，才能确定结论的价值。

推理过程中出现任何一点纰漏，都会导致谬误。

谬误可以是*形式上的*；也就是说，论证的形式可能有问题，论证的建立方式可能有问题。让我们回顾一下上述第三个论证：

- 所有我认识的接受救济的人都是接受救济的人。
- 所有我认识的接受救济的人都不是真正地想工作。
- 因此，所有接受救济的人都不想去工作。

这个论证有效吗？换句话说，如果前提是真实的，结论就是有效的吗？

这个问题可能给大多数人出了难题。该论证听起来不错，但果真如此吗？那个结论是不折不扣地由这些前提条件推导出来的吗？仔细检查该论证的形式就可以澄清此问题。此论证有三项：

- 我认识的接受救济的人（称此项为 X）。
- 所有接受救济的人（称此项为 Y）。
- 不想去工作的人（称此项为 Z）。

以下即为该论证的形式：

- 所有 X 是 Y。
- 所有 X 是 Z。
- 因此，所有 Y 是 Z。

现在，为了验证该论证的形式，我们用一组不同的对象——一组含义分明的对象来替换 X、Y 和 Z，并且确保能形成真命题。比如 X 代表猫，Y 代表哺乳动物，而 Z 代表本能地追赶老鼠。运用以上所述的论证形式，我们得到：

- 所有猫是哺乳动物（所有 X 是 Y）。
- 所有猫本能地追赶老鼠（所有 X 是 Z）。
- 因此，所有哺乳动物本能地追赶老鼠（所有 Y 是 Z）。

你能想象马、牛和猪追赶老鼠的画面吗？正如 e 论证的结论是无效的，c 论证的结论也必须是无效的。任何以 d 形式来描述的论证都将是无效的。[一]我们将在后文中探讨更多有关三段论推理的规则以及这种形式谬误。

很显然，并非所有谬误都是形式谬误，有很多是非形式谬误。非形式谬误的产生，或由于一时草率，或由于错误或粗心的推论，或由于论证所包含的前提条件不真实或不充分，而且这种不真实或不充分未被注意到。非形式谬误的分类方式有多种，但最具吸引力的分类方式是与主题无关、混淆和过度简单化这三类。在第一类中，结论建立在与主题无关的某些命题之上。在第二类中，由于有歧义，或词义混乱，或意见处理混乱，从而形成错误的结论。在第三类中，人们轻率地下结论，而没有仔细检查问题。

后面的章节会讨论各种各样的谬误。谬误清单有时候看起来铺天盖地，令人窒息。其实真实情况并非如此；相反，我们只是试图对不同类型的混乱思维进行各个击破，条分缕析。组织形式常常较主观随意：某一标题之下的项目可能也曾包含在另一标题之下。此外，若有项目重复出现，则此重复必定是有意为之。

最后，你可能不禁要问："为什么会有如此海量的谬误？""为什么会有如此昏聩的思维？"答案出现在第 1 章，再读一遍这些原则，在接下来的阅读中要时刻铭记在心。

[一] e、c、d 的用法类似于 a、b、c 或甲、乙、丙。——译者注

第 6 章

与主题无关

　　"听着，店家，"军士说，"可不能侮辱我们穿军装的兄弟，因为我不能接受。"

　　"穿军装的都该死！"店老板回答，"我受够他们的折磨了。"

　　"先生们，大家作证啊，"军士说，"他咒骂国王，这可是大逆不道。"

　　"我咒骂国王啦！你这浑蛋。"店家说道。

　　"是的，你骂了，"军士大喊，"你咒骂穿军装的，就是咒骂国王陛下。这是一回事，完全一样，凡是咒骂军人的人，就有胆咒骂国王陛下；这件事情就是这么回事，完全一样。"

　　"别见怪，军士先生，"帕特里奇说，"您这是一种不合理的推论。"

　　"别跟我说这些阴阳怪气的黑话，"军士回答，从座位上一跃而起，"我不能再坐着听兄弟被人侮辱。"

　　"你误会我了，朋友，"帕特里奇喊道，"我并没有侮辱穿军装的兄弟，我只是说你的结论是一种不合理的推论。"

　　"你也是一个同样的东西，"军士大叫，"你要这么说的话。你自己就是一个不折不扣的推论。你们就是一群无赖，我会证明给你们看的，我出 20 英镑挑战你们当中最能打的一个。"

　　——菲尔丁（Fielding），《汤姆·琼斯》，第九卷，

第 6 章（*Tom Jones*, IX, VI）

　　无论公开商议还是私下讨论，都充斥着数目惊人的与主题无关的细节。我们绝大多数人很容易把手头的任务抛开，切入另一个主题。前文所引用的许多情感诉求——诉诸恐惧和怜悯，或诉诸恭维、友情、自豪、罪恶感、信任和希望，都是与主题无关的细枝末节。这些诉求通常很有说服力，但尚未构成让人接受某一立场的充分理由。举例而言，当父亲对儿子说："如果你不去修剪草坪，今晚你就拿不到车。"他并没有给出让儿子修剪草坪的充分理由。他不过是向儿子描述如果不修剪草坪将会导致的后果。当然，如果儿子想用车，他就会把草坪修剪好；但他并不是为一个健全的理由而这样做的。

　　这里还有额外的几种与主题无关细节的类型，它们大多都是前述情感诉求和暗示性诉求的变式。

　　第一种与主题无关的类型就是**诉诸人身（人身攻击）**论证，论证方式直接指向说话者本人而不是其所说的内容。此类诉求的典型例子就是**滥用人身攻击**论证：批评或攻击说话者的人格，而非其所说的内容。该理论如下：X 提议 Y，但 X 是个流氓，或者 X 曾经做过令我们不齿的事情；因此，如果我们反对 X 或者反对 X 所做过的事情，那么我们就应该反对 X 所说的话；因此，我们必须反对 Y。不是对 X 所说的话进行反应，相反，我们对 X 的人格进行反应，然而 X 的行为未必和 X 所说的话直接相关，因为即便是流氓也会有好的想法。此过程是宣传鼓动那一章中描述的传递原则的变式：我们将对说话人的情感传递至其所说的内容上。

有时候一个人的理念会因其所处的特定立场而受到质疑或批评："X 先生是市议会的成员，他正提议市政厅的屋顶需要重新装修，而 X 先生就是做装修生意的。因此，很明显他只想为自己谋取商业合同。所以，我们不能听从他的建议。"这种思路是不公平的，质疑 X 先生所提建议的理由是与主题无关的。屋顶可能真的需要重新装修。说话者评判了 X 先生本人，而非 X 先生的建议。这种与主题无关的诉求称为**立场人身攻击论证**。

另一种人身攻击谬误论证是**牵连有罪**。依据某人的社会关系、朋友、家庭，而非他的所作所为来评判一个人：他频繁出入某一酒吧；他姐夫是个公款盗用犯；他老婆是个长舌妇；他儿子是部队逃兵；他女儿有个私生子；他和黑帮背景人士打高尔夫球。再说一次，此人只是针对某个问题发表意见，而无关他的社会背景都有谁。如果他的社会背景与此问题有关，那么这种相关性应得到确认，而不是含沙射影。

另一种技巧是败坏说话者的人格，称为**井里下毒**。敌人若往井中投毒，必定会破坏水源，无论井水过去多么优质、多么纯净，它现在已被污染，不能使用。若对手使用这一技巧，他给你泼污水，你将无法补救，也无法自辩，除非让事情变得更糟。

市议员： 市长很会说话。是的，说话是他的强项……说得非常好。然而一到该行动的时候，就是另一回事了。

市长能怎么回应？如果他保持缄默，那么他就得冒着似乎接受议员批评的风险。但如果他站起来为自己辩护，那么他就在说话，而他说得越多，看起来越像在肯定议员对他的指责。井水已经被污染，市长陷入了困境。

第二种与主题无关的类型可以称为互相推诿。它至少有两种变式：你也一样（tu quoque）论证和反质疑。

Tu quoque 是拉丁语的"你也一样"。琼斯对特纳说："别批评我没有按时递交报告，你也并非总是按时递交报告。"该命题可能是真实的，但与主题无关。现在处理的问题是琼斯的行为，而非特纳的行为。特纳的行为是一个独立事件。此外，即使特纳有过错或者有同样过错，但他的过错并不能证明琼斯的行为正确。两个错误不可能生成一个正确结果。你也一样谬误有时候也称为**推卸责任**。

反质疑通常发生在说话者不正面回答问题，而是提出另一个问题的时候。泰勒问福布斯："你可以给我一个充分的理由来支持你的要求吗？"福布斯回答："你可以给我一个充分的理由不支持我的要求吗？"第二个问题可能有些相关性，但发问的时机不对。在第二个说话者提出反质疑之前，他有义务先回答第一个问题。通常情况下他不能回答，他不过是试图掩饰自身立场的脆弱。

然后还有与主题无关的理由。一群人正在讨论 X 主题。渐渐地 X 主题的特征变得模糊不清；有人提供了理由，也引用了支撑证据，但这些理由和证据并非指向 X 主题而是指向其他主题，可能是一个与 X 主题相关的主题。举例说明，一些人正在讨论是否支持新的税收提议。"是的，我们应该支持，"某人主张，"现有的税收系统太复杂了；它很难理解，令人晕头转向。"注意此人的论证是与主题无关的。它们与所讨论的提议无关，它们指向旧方案的一些缺点。现有税收系统的复杂性是一个独立事件。如果它太复杂，那么讨论的焦点应该集中在简化它的方法上。但是现有系统的复杂性并不构成采用新系统的理由。

要记住：证据只支持特定的问题，而不是一些相关的问题。

与主题无关的理由的一个变式就是不合理推论（non sequitur），non sequitur 是一个拉丁短语，直译为"无法推出结论"。不合理推论是一种声称产生因果关系的命题，而实际上前提条件和结论之间并无逻辑联系。检验以下论证：一位名人在商业广告中发表评论："各位，你们可能意识不到，当我不得不面对镜头时还是很紧张的。所以，我使用 Pepomint 牙膏。Pepomint 让我的牙齿洁白。"此处的结论就是不合理推论：拥有洁白的牙齿与在镜头前感到紧张二者毫无关系。

然后，如果该名人就打算用这种论证方式来说服你购买 Pepomint 牙膏，他还有第二个不合理推论。他的论证方式可能如下："无论何时面对镜头，你都要保证牙齿尽可能洁白。我发现 Pepomint 对我非常有效。如果对我很有效，那么它对你也会很有效。因此，如果你想在特写镜头前展现洁白的牙齿，那么就去买 Pepomint 吧。"严格来说，该名人只是针对那些需要面对特写镜头的人群而呼吁。当然，我们知道这并非商业广告的真实意图，但它的确是该广告所表达的意思。

在"暗示"一章里面已经描述过与主题无关和选择性细节的用法。以下是另一个使用与主题无关和选择性细节的例子，来自某权威的国家级杂志。欧洲人权法院正在调查英属马恩岛地区的肉刑实施状况——尤其是针对 14 ～ 20 岁男性的鞭刑。文章描述了人们对该调查的反应，开头行文如下：

> 在寒冷的一天，有超过 4000 名反对者前往全世界最古老的议会之一——马恩岛议会举行游行，一边唱着国歌，一边展示着标语："保留鞭刑！"领头的是一位叼着雪茄的家庭主妇、一位马恩岛议会的盲人议员和一位鞭刑法官，这是只有 60 000 人口的安静小岛 30 年以来的首次大规模抗议游行。"我们坚决要求保留鞭刑，"一位名叫佩吉·艾文的家庭主妇坚持认为，"我们的整个未来，岌岌可危。"

这是一种辛辣、多彩而又富有娱乐性的写作手法，但是不负责任、缺乏专业素养的新闻报道。看完开头段落的读者很难不对人们形成一种判断。我们想象着叼着雪茄的妇人和眼盲的议会议员，然后不禁窃笑。当我们注意到佩吉·艾文的夸大言辞，不禁又窃笑不已。文章作者在此处操纵了我们的态度，而不是让我们形成自己的态度。叼着雪茄、盲人和鞭刑这样的词语是不相关的——而艾文女士的言论是精心选择的：作者可以找到其他言论，从而形成完全不一样的印象。此外，该文章还提及调查"深入到最神圣的马恩岛传统之一——'鞭刑'，鞭打年幼无知的违法者的传统。"请留意词语**年幼无知**，相对于**年轻**、**青少年**或**十几岁**这样的说法，该词语带有无辜、玩闹和任性的隐含意义。只有男性受鞭刑，请留意此事实在介绍中被省略了。还请留意**神圣**一词，这是个刻意挑选的词语，该词语给人的印象就是人们认为给人施以肉刑的权利是庄严神圣的，从而让人觉得这群人是一伙狂热分子。

还请注意，文章中叙述的所有事实很可能都是真实的。然而在这种背景下，许多事实都是与主题无关的。这些与主题无关的细节造成对马恩岛人的偏见。非常不幸，此文章寻求的判断并非来自读者而是来自作者。不同的作者只要选择了不同的细节，就能让一个完全相反的判断生效。

如今，作者当然有权利试图影响一个判断或一个态度，但这个权利是建立在作者有责任光明正大地说出他的想法，而不是通过含沙射影的方式，并且要为他的观点提供理由。仅仅把观点当作事实来插入是一种不负责任的写作方式。

另一种与主题无关的诉求是**诉诸棍棒**，或称**诉诸强力**。法官对目击证人说："如果你不合作，你将被视为藐视法庭。"这种使用压力或强力的方法可能有时奏效，但它不能构成做某件事情的充分理由。被视为藐视法庭并非合作的充分理由，它不过是描述了若目击证人不合作而产生的后果。诉诸棍棒实际上是说有力量的人当然是正确的。敲诈勒索者用的就是诉诸棍棒："照我说的做，否则有你好看！"所有说这话的人都是如此。

诉诸无知也是另一种与主题无关的诉求。该诉求采取不同的形式："你无法证明你的主张，所以你的主张是错误的""你无法反对我所说的，因此我的主张是正确的"。例如，"无人能够证明上帝存在，因此，上帝并不存在""你还没有给我市政厅有腐败的确切例子，因此，你的主张是错误的。市政厅没有腐败"。

无须赘言，人们不会接受没有证据的前提条件。但还有很重要的一点，证据的缺失并不意味着前提条件一定是错误的，只是意味着没有证据来证实前提条件。我无法举出一个明确的例子来说明市政厅有腐败，并不意味着没有腐败；只是我想不到例子而已。也许我两周之前在报纸上读到了一长串的丑闻，但我就是不承认有一点儿细节的印象。

你无法证明某事并非意味着你的主张就是错误的。错误在你，而非你的主张。

与主题无关的权威

下一组与主题无关的诉求归属于宽泛的一类，称为诉诸权威。来自其他领域的主张或意见经常被引用，以达到加强论证的效果。而来自其他领域的主张或意见可能与所处理的问题无关。人们可能意识不到这种不相关性，然而，他们也许会让这些错误的、不相关的或者不恰当的权威来影响自己的信念。诉诸权威有多种表现形式：有人说过（亲口断言）。

　　这是"宣传鼓动"章节里提到的代言策略的一种变式。受大众欢迎的人或有声望的人，或者有着独特头衔或证书的人，经常被用来佐证某一观点或论证。但有时候所引证的人物是在其专业之外的领域发表意见，因此，他的意见并不比其他人更有分量。然而，很少有人能注意到这种不相关性。他们可能把对名人的正面情感传递至他所说的话语上面。比如，"我们需要监狱管理改革，这已经迫在眉睫。我们的监狱已沦为大多数人的尊严被掠夺之地。事实上，伟大的人道主义者，阿尔伯特·史怀哲说过：'只要还有一个人作为人类的基本权利和尊严不被承认，则没有一个人是自由的。'基于现有的情况，女士们、先生们，没有一个人是自由的。"

　　刚才引用的段落中可质疑之处很多。现在，我们检查对史怀哲的暗示。他也许是一位伟大的人道主义者；他可能发表过这样的言论，而此言论可能的确很高尚，但他的言论与所处理的问题无关。首先，史怀哲并无监狱管理学的专业知识。其次，他的言论一概而论并过于理想化，且与监狱管理系统无关：史怀哲是被脱离背景而引用的。他的言论被用来表达他从未打算表达的用意。

　　仅仅是某位重要人物说过此话，并不意味着此话是正确的或者具有相关性。

　　史怀哲的例子暗含另一种亲口断言的论证：**诉诸过去或过去的权威**。《圣经》，华盛顿、林肯或马丁·路德·金的名言，莎士比亚的文句，柏拉图或亚里士多德的评述常用于此种论证。这些来源通常无关主题，而且类似史怀哲的引言常常被脱离背景引用。你可以找到过去的权威经典（包括《圣经》）来支持任何你想支持的立场。这样的参考文献不应该视为实证或者证据。

它是书上写的或者它是某位重要人物说的并未构成接受它的理由。在你接受任何言论作为权威证据或实证之前，你必须首先确立它的背景和相关性。

还有**含糊地诉诸权威**："医生说……""一家权威医疗机构说……""知名大学实验室研究认为……""我在报纸上读过……""我的电台里广播过……""我听说……""他们说……""我看到哪儿写着……"如果此类主张作为证据被列举出来，就应该受到质疑或者被忽略，除非有更多详细数据的支持。这些主张也许很可靠，但你不应该毫不犹豫地把它们当作事实或证据来接受，除非你深入调查研究过。

先验性是另一种错误权威。当你**先验地**进行论证时，你的论证出自理论。你把预计正确的事物先验地视为正确，通常以这样的方式开头："我敢肯定……""我就知道……""我的经验告诉我……会发生"。比如，你和朋友行驶在一个两个人都未到过的地区，油表显示快没油了，你对朋友说："听着，我们最好从这条路下来，找找哪里有加油站。"你的朋友回应说："别担心，我敢肯定这条路上有加油站。"实际情况是你的朋友并不能肯定，他不过是在假设或希望。他过去的驾驶经验认为所有的主干道在适当的里程都会有加油站，或者他注意到这条公路每 20 英里左右有个加油站。无论如何，他并不能肯定这条公路上有加油站。

先验地论证类似于对信任或希望的情感诉求，但它以错误权威的形式出现。除非有人用确凿的证据支持他的主张，否则他无法确信也无法知道。而且，虽然经验也许可以指导我们进行推断和下定结论，但它若是唯一的指导，就很难靠得住。即使是有根据的猜想也只是一个猜想。

与先验性紧密相关的是**诉诸信仰**。"听着，我知道我在干什么。你们应该对我充满信心。只要信任我就可以。"如果你仅仅因为这样的呼吁就跟随此说话者，记住你是在冒风险。事情的结果也许的确还不坏，但并不能保证一定如此。

然后还有可以称之为诉诸**神圣之牛**的。我们珍视的观念有正义、自由、民主、法律和信仰。当有人说因为你质疑他的主张，所以你也在质疑这些观念，他就是在使用诉诸神圣之牛的与主题无关的诉求。"你批评牧师早晨所说的话有何用意？你反对宗教信仰吗？""如果你批评总统，你就是批评他代表的所有事物：民主、美国的生活方式。"如此思路是无稽之谈。你攻击一个人的言论并不意味着攻击他本人或他代表的理想。

少数群体（宗教、种族、人种或特殊压力团体）有时候会使用这些诉求。"我知道你为什么反对我，你就是个反女权主义者。""你我都知道，这个社区有强烈的反摩拉维亚人情绪。彼得因预谋抢劫而受到如此严厉的判决就因为他是个摩拉维亚人。"该诉求是此前提到的人身攻击谬误论证的变式。它常常

（或许一般如此）只是简单地与主题无关。

　　格言警句、陈词滥调、标语口号、箴言谚语、老生常谈有时候可作为权威论证以使人确信或说服他人。比如，"哪里有希望，哪里就有出路"这种说法取代了深入思考，而且只给人以油腔滑调的鼓励。一位丈夫如此响应打算出门购物的妻子："记住，亲爱的，傻瓜的钱总是花得很快。""爱你的邻人"被引用来批评政府的军事行动。"唯一需要我们恐惧的是恐惧本身"，用于花言巧语地哄骗某人去做其心怀恐惧的事情。如此说法都是与主题无关的；它们无法为需要处理的特定问题提供权威论证，它们仅仅是过度简单化。进一步分析，对于每一条支持某论证的格言都能找到支持相反观点的另一条格言。妻子可以回击那位丈夫说："你不能一辈子守着钱。"支持政府军事行动的人可以轻而易举地引用老话："为国捐躯，死得其所。"而心怀恐惧的那个人可以回应："天使不敢践踏之地，傻瓜一马当先。"如此套话的使用既非实证也非证据，甚至起不到加强论证的作用。在更多情况下，它们不过是混淆问题。

　　有时候**专业术语**也用来给人留下权威的印象。"戴尔，含六氯酚的香皂！"而六氯酚是什么，为什么它让戴尔比其他香皂更好？"六氯酚"这个华丽的辞藻就是为了让我们印象深刻。如果我们被这个华丽的辞藻震慑住了，就有可能把正面的情感传递给产品本身并且决心购买。一位政客发表以下言论："我们已经远离高度飞涨、过度地消耗资源，而且通过正确判断力的反通胀手段控制开销，把立法院内部和外部考虑在内，都达到了总计接近零赤字的收支预算。"这些可能会让某些人耳目一新，但这些话语毫无意义。时刻警惕华而不实的专业术语，它常常用来伪装成内容和思考——至少是艰苦的思考。

人们有时候使用**诉诸传统或先例**："我们以前都是这么做的，为什么要改变？""我们以前从未这样做过，为什么要开始这样？"如此言论自身不具备多少分量和权威。比起仅仅依靠传统或先例，应该还有更好的理由来确定做法。时过境迁，五年前合理的做法未必适用于现在。传统和先例值得尊重，但不应被盲目崇拜。

词语的**词源**偶尔也被引证来支持某种立场。假定有一位无神论者试图号召人们支持他的观点。"听着，"他强调说，"你们声称宗教信仰是建立在爱的基础之上。我不同意。爱并非宗教信仰的基础。宗教信仰是建立在控制和恐惧的基础之上的。看看我们所使用的这些词语。reverence（敬畏）一词来自拉丁语词汇 vereor，一个代表'恐惧'的单词。人对上帝只有恐惧，而非爱。甚至 religion（宗教）一词本身也是来自拉丁语词汇 religo，一个代表'使人盲目'或'施加束缚'的动词。宗教信仰使人束缚，它企图控制某人，它给人套上枷锁使人奴役，根本没有任何爱的迹象。"一个词语的词源未必构成现在该如何使用的证据。一个词语的重要性并非取决于它曾经的意义，而取决于当下的意义。

诉诸数字

数字可以表明极佳的精确性。具有讽刺意味的是，正是这些数字可以用于误导甚至欺骗。离开背景，一个数字或统计数值绝对毫无意义。为了使数字或统计数值具有意义或关联性，它必须伴随相关的背景。

如果我们处理统计数值，那么我们必须查明是谁收集的统计数据，使用了什么处理手段，有多少人参与调查，这些人是如何挑选的，问了哪些具体的问题，这些问题是如何使用"暗示"章节所描述的技巧的。

首先，让我们仔细检查用以描述和操纵一系列数字的不同方法。假定一家小型企业拥有 11 名兼职雇员，他们的年薪如下：

1—6000 美元

2—6000 美元

3—7000 美元

4—8000 美元

5—8000 美元

6—12 000 美元

7—23 000 美元

8—24 000 美元

9—24 000 美元

10—24 000 美元

11—25 000 美元

该企业可以把所有年薪加在一起除以 11，然后得到数字 15 182 美元。他们可以把这个数字称为平均数。这样的平均数称为算数平均数。必须注意，这样一个数字在此背景下既具迷惑性又毫无价值。该企业中没有人的年薪是 15 000 美元；人们挣的或多或少，工作时间也不一样。

算数平均数必须伴随两个其他的平均数：**众数**和**中位数**。众数是一系列数字当中出现频率最高的一个或多个数值。在上述例子中实际上有两个众数——大多数人所挣年薪要么是大约 7000 美元要么是大约 24 000 美元。比起算数平均数，众数通常更有价值，有更多的相关性。

中位数是将数字从高到低或从低到高排列之后排在中间位置的数字。上述系列数字的中位数是 12 000 美元；它也不是个特别有用的数字，但它确实能帮助我们建立平均数的背景。

还有两种其他方法可以帮助建立数字的背景：**全距**和**频数分布**。上述例子中的全距是 19 000 美元，即从 6000 美元到 25 000 美元；频数分布告诉我们有 2 人挣 6000 美元，1 人挣 7000 美元，2 人挣 8000 美元，1 人挣 12 000 美元，1 人挣 23 000 美元，3 人挣 24 000 美元，还有 1 人挣 25 000 美元。

当把算数平均数理解为众数时，一个常见的谬误就产生了。"多好的公司啊，"有人可能这样评论，"平均薪水这么高。""荒谬！"你肯定这样想，除非你知道此平均数是指众数而不是指算数平均数。

因此，当处理平均数时，区分算数平均数和众数非常有必要，如果你能确定中位数、频数分布和全距则更佳。

百分率也能导致误解。"在科德市长在任期间，腐败已经下降了50%。"一位科德市长的支持者如此声称。这种言论也许是真实的，但也许是从4个腐败人员减少到2个——并非多么明显的区别。然而，百分率比数字听起来更令人印象深刻。有人还可以让百分率看起来更加非同凡响："上一任治理期间，腐败案例比现任治理期间高出200个百分点。"200个百分点听起来非同小可。事实上，两任市长治理期间的腐败水平并没有多大区别。

还有**误导性取样技巧**。"60%的人支持麦考密克。"这可能是真实的，但投票也许发生在共和党人集中的区域，大部分居民都支持共和党候选人麦考密克。这种骗术是来自**有限取样**的一个例子。投票人的取样并不能代表全部投票选民。

类似于有限取样的是**小样本取样**："60%的人支持米勒。"同样，这也可能是真实的，但只有30人参与投票。在这30人中，18人支持米勒。但是30人并不足以形成有意义的统计数据。30人不具备所有投票人口的代表性[○]。

然后还有**模糊的统计数字**："最近的调查表明，更多医生针对普通头疼开出的药方更偏向于Z品牌而非其他品牌。"该

　　○　原书说法如此。依据"术语在线"（由全国科学技术名词审定委员会主办），通常把样本容量≥30的样本称为大样本、<30的样本称为小样本。
　　　　——编者注

词汇"最近的调查"可能隐藏了大量信息，这种词汇不具备权威论证，除非提供更多信息。还有**误导性统计数字**："最近的调查表明更多人宁愿选择 Z 品牌而非其他品牌。"可能是真实的，但看看以下数据：

85 人更喜欢 A 品牌

80 人更喜欢 B 品牌

89 人更喜欢 C 品牌

91 人更喜欢 Z 品牌

投票人员总数为 345 人。这 345 人中有 91 人，或者说低于 30% 的人更喜欢 Z 品牌。尽管比起其他品牌，Z 品牌的确有更多人喜欢使用，但 Z 品牌并未显著地占据更大市场份额。

最后，还有**诉诸大数字**，这是随波逐流（乐队花车）策略的变式。"大家都在做 X 事情，所以，我也做 X 事情。""400 万美国人不可能做错。"大数字可能用来加深我们的印象，但我们未必会被打动。即使 4000 万人都在做 X 事情或者购买 Z 产品，也无法构成我们做 X 事情或者购买 Z 产品的理由。许多人都做某事的事实与主题毫不相干，除非有更好的论证。

自信的推测

众所周知的与主题无关的类型还有很多，我们可以在此引证，让我们再看一种类型——诉诸权威的一位远亲。如果有人做出推断性的认定，却表达得好像事实一样，这种现象被称为**自信的推测**。比如，有个人保证："我敢肯定……""我就知道……""我有理由相信……""我可以自信地说……"

这种先验性做出了保证，但这些保证根本无法兑现……

有个子类别是**诉诸个人经历**："从我个人经历中，我认识到……""以我个人经历而言，我知道……""我认识某人，他……"这种先验的形式也保证它们如事实一般，但是支撑这些保证的理由并不可靠。个人经历可以提供指导方针，但它们内部本身并未构成接受某一立场的标准。

有时候**多米诺理论**（连锁反应）也被当作证据来使用。"如果做 A 事情，则 B 会发生。如果 B 发生了，则 C 也会发生。如果 C 发生了，则 D 也会发生。"的确，有时候我们能够以一定程度的准确性来预测未来。如果我们炸掉大坝，水肯定会淹没下面的谷底。但是，往往应该说"可能"的时候，却有人极其频繁地使用"肯定"。"除非我们认可这份合同，否则员工肯定会罢工。"其实，也许会也许不会。这种言论作为证据是不可信的。说话者把推测混淆为事实。也许那种推测发生的可能性非常高；然而，它还是一个推测，未必是事实。

最后，还有**诉诸全知全能**。这种情况一般出现在推测假如有其他事情发生或者不发生，现在情况会变得如何："如果肯尼迪不被刺杀的话，那么他就能够更快地结束越南战争；如果战争很快结束，那么我们就不会如此敌视政府；如果我们没有如此敌视政府，那么我们就不会有 60 年代末的激进青年运动；如果我们没有如此激进的青年运动，那么我们就不会形成普遍蔑视权威的国家形象。"此言论者可能会为犯了极度简单化的错误而后悔，但他也犯了**把推测混淆为事实**的错误。推断是可以的，但是没人有足够的全知全能去说某事一定会发生。

这样的论证方法经常使用，为我们的失败寻找合理化（文过饰非）的借口："如果我昨晚没有熬夜，那么我应该会更清醒；如果我更清醒一些，那么我可能会留下更好的印象；如果我留下更好的印象，那么我可能就得到这份工作了。"再次说明，推测就是推测，不应该盖上事实的戳记。

本章引用了若干与主题无关的诉求案例。因为完全排除与主题无关的事物的讨论极其罕见（有些讨论中与主题无关的情况甚至泛滥成灾），所以保持警觉非常重要，不要轻易地被其说服。与主题无关的内容时常隐现的原因很复杂，但其中必有一个原因，就是企图说服别人的人自身并不客观，并且无所不用其极地支持自己的信念、立场或态度。此外，这些信念和态度常常并未经过明晰地论证阐述，因此，这些人也没有十分准确充足的理由。"我知道我喜欢什么，别用事实来糊弄我"并非夸大言辞，用这种话来形容他们的态度并不为过，我们都会与这种人打交道。

第 7 章

分散注意力

清醒地意识到自身不足之后，嘲弄常常就是唯一剩下的武器。
——F. H. 考尔斯（F.H. Cowles），《盖乌斯·费尔斯：历史研究》
（*Gaius Verres: An Historical Study*）

　　注意力分散常常有意或无意地发生。当你争论受挫时，当你被人逼入墙角时，当你感到失败或者即将失败时，当你感觉对话的主题令人不安时，分散注意力是一种有效的手段。从另一个角度来说，如果你毫无防备，分散注意力也可以用来对付你。分散别人的注意力和被别人分散注意力同样容易。

　　当诉诸感情的手段参与讨论之后，就会发生注意力分散的情况；当有与主题无关的事物参与之后，它就发生了，因为大多数分散注意力的因素都是与主题无关的事物。因此，之前章节里引用的许多策略都能导致注意力分散。比如，如果有人提出反问，而你上钩了，纠缠于这个反问，那么你就偏离了主题，误入歧途，离原本的问题越来越远。如果有与主题无关的细节参与问题之中，且这些细节被人质疑，那么讨论的方向可能就会发生偏移；如果这些细节不幸没有被人质疑，那么受众就有可能变得含有偏见。如果有人使用诉诸人身攻击的论证方法，那么问题就会转向说话者本身的人格而非其所说的内容。

毋庸置疑，理性的论证或讨论必须避免离题和分散注意力。本章的目标不是提供建议，而是提醒注意事项。如果你能认出这些花招和陷阱，也许就能避免被人玩弄。

注意力分散有两种主要来源：红鲱鱼和稻草人。

红鲱鱼

为了转移猎犬追踪气味的方向，常把鲱鱼放到它们经过的路边。猎犬被这些新的气味所吸引，会追随着鲱鱼的气味而忘记它们原来的目标。缘于这种做法，才有了"红鲱鱼"的说法。**红鲱鱼**是插入讨论中的一个细节或者评论，或者有意或者无意，最终都转移了讨论方向。红鲱鱼一如既往地与主题不相关，而且常常很能调动情绪。讨论者追逐着红鲱鱼，将讨论的初衷抛之脑后；事实上，他们可能再也回不到原本的话题了。

观察以下对话的发展动态。贝蒂和菲利普正深入探讨强制校车接送的问题。

贝　蒂：但你说校车接送可以缓解种族紧张态势并且提高教学质量。我看不出来。如果学生被赶进校车，运送到离家几英里之外，他们只会怨恨这种不便，紧张态势反而更加恶化。

菲利普：是的，暂时可能的确如此。但是最终这些孩子们会互相熟悉，到那时，许多现存的障碍都会不攻自破。

贝　蒂：真是愚蠢！你怎么能说出这样的话来！你以为自己是谁，还能预测未来！你只是在啰唆一些理想主义的废话。就是你们这样的理想主义者，该为困扰全世界的诸多问题负责。

菲利普：我没听错吧！你说的都是什么呀？正因为有了理想主义者，世界上才有更多美好的事情。如果没有理想主义者，我们这个国家都不会存在。难道你不认为理想主义（更好生活方式的希望，个人自由的希望）是殖民者大规模冒险，离开英格兰奔向新生活的主要动力吗？

贝　蒂：我不觉得！在我看来，似乎殖民者不相信的一件事情就是个人自由。看看蓝色法规[⊖]，看看塞勒姆女巫

⊖　美国殖民地时期清教徒倡议拟定的法规。——译者注

> 审判^Θ，你把这些称为个人自由？在我看来，殖民者
> 好像无心于个人自由；事实上，他们的所作所为恰
> 好相反。

菲利普：　我不同意。看看《联邦条例》^Θ，看看波士顿倾茶事
　　　　　件^Θ，看看……

强制校车接送问题呢？贝蒂和菲利普离原本讨论的话题已
经几英里开外了。他们顺着理想主义的红鲱鱼找到另一条殖民
地自由性质的红鲱鱼。他们回到强制校车接送主题的机会非常
渺茫。

使用**幽默、讽刺、嘲弄、暗讽、戏仿**，或**身体姿态**可以导
致注意力分散。通过利用这些手段引发对方的情绪反应，从而
改变讨论的进程。对方感觉受辱可能会准备言辞反击以挽回颜
面，也就忘记继续讨论的问题了。

另一种技巧就是**诙谐的评论**。诙谐的评论令人捧腹大笑，
而在人们大笑之余，讨论的氛围可能就变调了。想起一段插
曲，卡特总统的一位主要助手曾被人指控在华盛顿酒吧朝人吐
口水。一位议员在公开演讲中评论卡特的任期已经从"伟大的
展望（expectations）发展至伟大的吐痰（expectoration）"。此

Θ　1692 年 2 月至 1693 年 5 月在殖民地马萨诸塞州针对被指控犯有施行巫术
　　罪的人们举行的一系列听证和审判。——译者注
Θ　美国第一部宪法。——译者注
Θ　又译为"波士顿茶党案"，波士顿居民为抗议英国茶叶税和垄断茶叶贸易，
　　于 1773 年 12 月 16 日乔装印第安人袭击了停在波士顿港的 3 艘英国船，
　　并将船上数百箱茶叶倾入海里。——译者注

种廉价的恶意中伤毫无助益；相反，它歪曲了事实而且阻碍了理性的探讨。

有个类似的技巧发生在**有人按照字面意思解释象征性的说法**时。亨特先生正在谴责城中某一角落的生活状况。"实事求是地说，"他评论道，"我宁愿住到丛林深处，也不愿意忍受那一角落的污秽混乱。"然后他继续深入地展示丛林，即使有天然的危险和挑战，也比那个角落安全。他的对手，兰德先生开始反击。夹在评论中间的有这样一段："当然，我们不能把亨特先生的话当真。毕竟他是想住到丛林里去的——比起我们不得不面对的真实问题，他当然更愿意和毒蛇与蚊虫做斗争。"兰德先生的评论很卑鄙，他抓住一种修辞手法按照字面意思进行解释，企图以此使亨特先生丢脸。如果观众因此而嘲笑亨特先生，那么他们将来便不太可能认真对待亨特先生，也不会听从他所说的话。

其实，兰德先生还可以更过分一些。他还可以拿对手的姓氏开玩笑，"亨特"（hunt，狩猎）。他可以把注意力分散得更彻底些，展示亨特先生如何更好地在丛林中狩猎。观众可能被逗笑得情绪高涨，而亨特先生可能要像蠕虫一般扭捏不安，羞愧难当。然后，当亨特先生回到议员席，他手忙脚乱以至于辩论中表现失利，由此我们又见证了一种转移注意力的策略：使某人彻底心烦意乱从而自乱阵脚，失去智慧和镇静。如果这样，亨特先生就完全被兰德先生玩弄于股掌之上了。如果亨特先生无法清晰思考，那么他就可能发表愚蠢的言论，或者可能气急败坏，从而进一步削弱了自身的立场。

你可以用自信的说话方式让对手陷于防御状态，通过使用深奥难懂的事实让对手不敢质疑，通过使用专业术语，通过让对手害怕承认自己的无知，通过使用一些**吓唬人的表达方式**，如"你肯定知道（同意／意识到）……""当然不会有人反对，只要我说……""很显然……"等。如果你的对手完全对自己没有信心，如此自信就会让对方慌乱不堪。然而，如果对手很敏锐，他可能会让你把底牌亮出来。

如果有人提出一个**微不足道的异议**，也能引起注意力分散。你犯了一个很小的错误，而对手对此猛抓不放，即便该错误无伤大雅，甚至根本不会对你所说的观点有丝毫动摇。然后你可能惊惶失措，甚至有些恼羞成怒，可能因此对所说的事情暂时失去自信。你的可信度降低了。人们可能会认为，因为你在这一点上出错了，所以你在其他领域也是错的。这样的小错误有时候被称为**吹毛求疵**。

比如，你和朋友正在讨论政府是否应该对日本汽车实行禁运。你论证该命题，提出的观点是以前的禁运一直非常有效，举的例子是 1860 年林肯的封港令，然后你描述那个事件。你的朋友跳出来指责你，声称林肯的封港令直到 1861 年 4 月才开始实行，然后他对你的错误数据大加渲染。不错，你的数据的确错了，然而，事实上你的错误对论证的完整性没有丝毫影响。

让我们继续讲这个例子。假设他放过你的不准确数据，转而质疑你关于林肯封港令的有效性，声称它没有你认为的那么有效。假如他是对的：封锁并未奏效。无论如何，你还是被一条红鲱鱼带偏了方向。在决定现有的禁运建议是否有用方面，你没有取得丝毫进展。在削弱你对 1861 年封港令的评估这一方面，你的朋友赢得一分，但你们不应该认为他在你所论证的问题上赢得一分：你们是在讨论针对日本汽车而提出的禁运。

有时候人们会通过**假装无知**来造成注意力分散。发言者声称不明白对手所说的某件事情，也就是说，他装傻充愣。这种技巧可能会让对手看起来很傻。对手可能试图重新解释然后自己也被弄糊涂了。观众可能对他或者他的立场丧失一些信心。从另一角度来看，如果他很聪明，他会回到发言者的位置，然后让对手显得很傻。

稻草人

如果你抓住对手所说过的话，进行夸张扭曲，然后攻击经过夸张扭曲后的观点，那么你就捏造了一个稻草人。你并不如实地叙述对手的观点，然后你所攻击的并非他的观点，而是这些观点的误传。

可以通过**扩展对手的理念**来捏造稻草人："你拥护 A，下一步你会拥护 B，然后是 C，然后是 D。"然后你开始证明 D 如何可怕、愚蠢或不切实际。当然，你的对手从来没有建议过 D，但观众可能已经忘记这个事实。

有时候，除了扩展对手的论证，你还可以直接**把话塞进对手的嘴里**。你要么暗示要么直言他说过实际上并未说过的内容，或者他的话语蕴含着他实际上从未打算表达的意思。对手辩论说，警察应该有权强行进入他们知道暗藏罪犯的地方。然后你提出一种论证，其中描绘了警察任意地进入私人家庭的画面。"他怎么能提倡如此践踏基本人权的行径！"你大声疾呼。"他怎么能想要这样一种局面，警察可以突然闯入私人家庭，仅仅因为他们认为里面有罪犯！他似乎想要一个警察国家（极权国家）——毫无疑问，他所提倡的和警察国家（极权国家）没什么区别。"然后你继续描绘警察国家（极权国家）的种种恐怖。

不用说，你的对手没有提倡警察国家（极权国家）。你把他从未表达的观点和意图强加于他，从而捏造了一个稻草人。

你可以通过**攻击示例**来捏造稻草人。在陈述观点的过程中，你的对手使用了一个示例，或者一个实例，或者一个类比，然后你攻击了该实例。你认为，因为你已经削弱了他的实例，所以你也削弱了他的论证。如果他放过你这一点，也许他就活该受人质疑。他应该认识到，仅仅因为实例没有说服力，他的论证或者立场未必就没有说服力。可能只是实例本身的错误，而不是他立场的错误。这种策略类似于本章前述的微不足道的异议，也可能是前述的将象征性说法歪曲成字面意思策略的一个变式。

发言者可以通过**攻击替代品**来捏造稻草人。比如，X 是所要探讨的问题。发言者觉得他无法很好地为 X 辩护；可能他想不出如何论证；可能 X 本身是一个较弱的立场。无论如何，发言者将不针对该问题进行评论，而是通过讨论 X 的替代品，从而捏造出一个稻草人，然后他不断地追逐这些替代品。需要处理的问题可能是，体育必修课是否有必要在一个特定的学校继续实行。发言者支持体育必修课的想法，但可能想不出好的论证方式来支持他的立场。因此，他仔细检查了替代选择："如果体育运动不是必修的会怎样？孩子们会有好多空闲时间，然后到处惹事。而且，我们的运动队会缺少足够的上场队员。"其实，这些都不是支持体育必修课的健全理由。

该案例有个变式。哈丽特对萨姆说："别对步枪如此掉以轻心，你可能会让自己没命的。"萨姆回答："过马路也很容易没命的。"萨姆的言论可能是对的，但是并不相关。**转移问题**证明不了任何事情。

总体来说，稻草人是一种扭曲和误传。诙谐或机灵的评论可以捏造稻草人。本章前述案例中的兰德先生，他讥讽亨特先生时就捏造了一个稻草人。通过按照字面意思解释亨特先生用象征手法表达的内容，他把亨特先生的评论变成一个笑话，企图让亨特看起来像个傻瓜。

把对手的论证过度简单化，把它简化成一个谬论，你就可以捏造出稻草人。

或者攻击对手最脆弱的论证，同时忽略他更强势的论证，你也可以捏造出稻草人。

以下致《电视指南》编辑的读者来信堪称稻草人技巧的教科书式案例。来信是回应一篇文章，该文章描述了尼尔森电视评级公司如何近似估计观看某一电视节目的观众数量。"尼尔森统计人员从人口统计局总清单中随机挑选地点（1170 户电视家庭），然后确定它们在地理分布上遍及全国各地。"并非所有的 1170 户家庭每周都统计在内。"因此，去年冬天一个典型的评级日，尼尔森报告的观看信息来自大约 993 户家庭。"该回应如下：

> 我们终于知道该如何安抚大众，同时彻底地绕开整个民主政治结构。约 2 亿观众的观赏口味一个都不需要考虑，因为这些口味都控制在很小一群人手里，认识到这点是不是很振奋人心？我们发明了多么简单的解决方式！也许我们的下一届总统就可以从 1170 户家庭的愿望取样中选出（993 户也能凑合用），而这些家庭就可以解决这个紧迫的问题，不用劳烦其余的人。想想这节约了多少时间和精力，更不用说大量的花销。怎么了，脑袋被这无限激动人心的可能性震惊了？这个系统不是所有人感受的公正代表吗？

对于尼尔森电视评级系统的有效性，你我都没有为此选择立场的职责和义务，但是该回复清楚地展示了稻草人技巧的使用。当然，这封信也有要阐明的观点，但此观点似乎在表述中消失不见了。这样一封依靠误传，观点延伸至荒谬，以至于完全扭曲的信，谁会认真对待呢？

当讨论持续一段时间之后，参与双方和听众可能都会感觉疲劳。他们至少暂时忘记了准确的主题是什么，而在讨论之中分散注意力，甚至无法意识到他们早已与主题无关。他们也许没有注意到，他们正在追逐一条红鲱鱼，或者正在讨论一个稻草人，而不是原本的主题。他们可能错把**看起来**相关的事物当成**真正**相关的事物了。

第 8 章

歧义和不正确推理

关于错误的事实，我们讨论得多么雅致啊！
——斯特恩（Sterne），《项狄传》，第四卷，第 27 章（*Tristram Shandy*，IV，XXVII）

本章内容和下一章内容有一些重叠，因为本一章的歧义和下一章的混淆具有共同之处，即推理的难题和危险。人人都面临选择，如何解释一个词语、一段言论、一种行为或一种表达方式，可能有人未能清醒地意识到还有选择。无论如何，他很快地做出决定，或者未经过充分解析，或者未经过清晰地识别可替代选项，或者没有掌握完整的信息情报。此时此刻，他可能犯了判断错误，无论他追求什么结果，此错误很可能损害他之前所做的努力。

词义歧义

词义歧义发生在有人使用包含两种或更多意义或解释的单词或短语时，或者一个事件有不止一种解释的时候。有人可能并未意识到有不止一种解释，或者武断地选择了一种可能的解释。他排除其他选项只做出这一选择，而正是这种排除导致问题出现。歧义本身常常并不是问题所在，问题在于要么无法分辨歧义，要么做出了错误选择。歧义需要进行推理，而推理常常要么不正确要么不完备。推理常常是错误解释的后果。

无论何时，只要表达方式允许有超过一种层面的意思，只要表达方式隐含了超出本身声明的意义，只要表达方式反映了并未明确表达的信念或态度，就有可能存在歧义。因此，"暗示"一章所提及的几个主题也适用于歧义。举隐喻的例子来说明。如果我做出一个无心的言论，并非有意地使用隐喻，而如果你做出的解释比我所表达的更精确，那么就有可能产生歧义。你问我知不知道特德·斯蒂尔。"他是个懒汉。"我这样回答。我可能是很宽泛地使用懒汉一词，打个比方而已，只是想表达我不喜欢斯蒂尔。但你可能按照字面意思去理解这个词语，而把斯蒂尔刻画成一个无业游民。

隐喻总是暗示了言外之意，要求人们做出推论，而这些推论可能会导致歧义。假设我做出以下声明："听说中了大乐透以后，马里恩沉醉不已。"你会如何理解沉醉不已一词？是马里恩喝醉了吗？还是她陶醉于幸福之中？

当一个词语的比喻性用法被忽视之后，歧义就会产生。"摩西十诫"之一主张："汝不应垂涎邻人之妻。"至少有三个词语是比喻性用法。垂涎的字面意思是"贪求色欲"或者"热切渴望"，但结合上下文，它的真正意思是"与人有性行为"，和"贪求色欲"一样。如果按照字面意思机械理解戒律，只要其中没有强烈的渴望或色欲，就认可与已婚人士有性行为——很明显是一种曲解。邻人的字面意思是"居住在附近的人"，但结合上下文，它真正的意思是"所有其他人类"。如果按照字面意思机械理解戒律，就是认可与已婚人士有性行为，只要那人没有与附近的人结婚就行——很明显又是一种曲解。妻的字面意思是"已婚妇女"，但是结合上下文，它真正的意思是"已婚人士"。如果按照字面意思机械理解戒律，就是认可妇女与任何已婚男子有性行为，因为戒律上并没有提到邻居的丈夫——显然又是一种曲解。

看这个例子。威利借用了家里的车，当他回到停车场的时候，他撞上了停车计时器，后挡泥板凹陷下去。他父亲问他："是你撞凹了挡泥板吧？""不是！"威利回答，并对自己说他并没有撞凹挡泥板：是停车计时器撞凹的。只要把父亲的话按字面意思解释，威利就可以声称无辜——尽管我们知道，威利也知道，是他故意曲解了父亲的话。他父亲的话真正意思是："你是不是该为撞凹挡泥板负责？"人们经常不会精确地表达自己的意思，而如果按照字面意思机械地理解未严密表达的内容，或者故意使用的比喻手法，就不合适了。

表述歧义

表述歧义可能来自不严密的语言，来自模糊性、抽象性或者相对性的词语。"劳瑞很好。"**很好**是什么意思？"安德鲁很富有。"**富有**是什么意思？"加德纳法官很称职。"称职体现在哪里？在于维持法庭秩序？在于让证人放松心情？在于高效审判？还是在于对法律的理解？"凯文很矮。""矮"是相对于谁而言的？多矮？用词不严密很容易导致混乱。

同样地，歧义可能来自不严密的措辞。"凯文比詹姆斯矮"这一说法让听者勾勒出两个相对较矮的人，而推论可能并不正确。凯文的身高可能是五英尺[⊖]十英寸[⊜]，而詹姆斯的身高是六英尺一英寸。命题的表述是真实的，但是措辞具有迷惑性。

歧义还可能发生在不确定表述意欲何为时，也就是说，有人怀疑表述背后还有暗藏的玄机。一位妻子对丈夫说："我听说那家新餐馆'拉·福勒'非常不错。玛吉和比尔昨晚就在那儿吃的，而且玛吉对饭菜赞不绝口，她说那里的服务一流，而

㊀　1 英尺 = 0.3048 米。
㊁　1 英寸 = 0.0254 米。

且价格也相当公道。"妻子表面上只是陈述事实,但很明显她在暗示,以希望丈夫能够邀请她去"拉·福勒"餐馆。她的言语表述并无歧义,但她的意图可能并不在此。

迄今为止,我们主要处理了两种歧义:词义歧义和表述歧义。词义歧义发生在词语含有不止一种可能的意义时,并且发言者或作者未精确指定他希望是哪种意思。表述歧义发生在没有准确表达所想表述的意图时。现在让我们仔细检查其他种类的歧义。

语调歧义

一位朋友恰好想出一个处理复杂问题的独到见解。"你真狡猾!"我评论道。我希望我表达的是一种赞美,并隐含了一种认同的态度。但我评论的语调可能被人误解。不论是我朋友还是第三方都觉得我的态度是一种否定。

反语

当我们使用反语时,我们是在表达与实际所说相反的意思。我的一位朋友在一场经过一系列精心准备但完全体面坦荡的谈判之后,终于成功地保住了他长久以来一直跟踪的一笔生意。"你这鼠辈!"我评论道。我的评论是反话。尽管鼠辈一词通常暗示一种否定态度,但在此上下文中,我在表达一种赞赏，甚至有点恭维和崇拜。但是如果朋友没有辨认出反语的意味，他可能误解我的评论。

当言论是以印刷方式来表达时，确认言论的语调就比较困难。比起书写的言论，说出来的言论更容易确定说话者的态度。注意以下来自《时代》杂志的大标题：

阿拉斯加州的管线开始尖叫——真不容易

尖叫一词仅仅是想表现俏皮的意思吗？还是另有深意？那真不容易这个短语又是什么意思呢？它是否表达了讥讽、沮丧、释怀、狂热的意思呢？读者无法确定；但是，读者可以自行推理。

重音强调

这种策略已经在"暗示"一章里讨论过。当我们不太肯定一句话中哪些单词应该重音强调时，歧义就产生了，如果强调了错误的词语就会产生曲解，从而改变整句的意思。分几次朗读下列语句，每次读一个特殊字体的词，然后观察每种不同读法下意义的改变有多明显：

我从未说过，我—不喜欢—你。

只要提到重音带来的谬误，就不能不提到与之相关的其他几种歪曲。第一种就是断章取义。比如，《时代》杂志的某一期这样写着：

再薅羊毛

联邦政府有时候拿着纳税人的钱支持某些科学研究，而对于那些研究，宽容地说是琐碎无聊的。如此慷慨赠予的一位接受者是华盛顿大学的社会学家皮埃尔·范·登·伯格，他从美国国家心理卫生研究所批准使用的 97 000 美元经费中拿出一部分，用来支持他的研究员普里莫夫所写的一篇报告，名为"作为性爱疗养院和社会竞技场的秘鲁妓院"。

普里莫夫大约访问了 20 回安第斯山脉城市库斯科郊外的圣·图提斯妓院，他从和妓女的访谈中得出结论。在其他事物中，妓院的确是一个醉酒和讲故事的聚集场所。

参议员威廉·普罗克斯迈尔上周以"最伟大、最荒谬和最讽刺地浪费纳税人钱财"名义为此研究颁发金羊毛奖。作为《学术制胜窍门》（*Academic Gamesmanship*）的作者，范·登·伯格直言备感欣慰，说："我在学术界的名望得以提升。"

对此，范·登·伯格先生回复：

我很惊讶，《时代》应该也像普罗克斯迈尔参议员一样，以同一种方式卑鄙地哗众取宠。问题中提到的美国国家心理卫生研究所批准使用的 97 000 美元经费，最多只有 50 美元用在了妓院研究。总体项目中的这一微小部分形成了 324 页的书里的一个单独段落，共 14 行，乔治·普里莫夫和我在此书中报告了我们的研究成果，大约占总体项目的千分之一。

> 该书名为《秘鲁安迪斯山脉的不平等；库斯科的阶级和种族划分》(*Inequality in the Peruvian Andes; Class and Ethnicity in Cuzco*)。听起来很性感，对不对？如果我的研究是关于卖淫的，那么《时代》就是一本色情杂志。它提及卖淫的次数过于偶然了。
>
> 皮埃尔·范·登·伯格
> 华盛顿大学，西雅图

其实，如果《时代》真如所指控的犯有过错，它的确犯下了歪曲实际背景的过错，而且它捏造了一个臭名昭著的稻草人。

脱离上下文而引用，可以用一个人的话语来攻其自身。汤普森小姐刚刚加班几个小时，为老板蓝奈特先生打字复印了一份 20 页的报告。当她交给老板报告的复印件，老板看着她充满感激地大声说：“贝蒂，你真是太好了，我爱你。都这么晚了，我带你去吃晚餐。然后我再开车送你回家。”一个偷听者听到这段对话，然后告诉别人蓝奈特先生爱上了他的秘书，企图带她出去吃饭，然后还想送她回家。

重音谬误的第二种变式是由**选择性地引用**而产生的。比如，某部电影广告发出以下声明：

> 人人都对这部电影赞不绝口。实际上，《电影杂志》把这部电影描述为异想天开、难以置信，且如催眠般梦幻。评论者简直无法用言语来形容这部电影给她带来的冲击。

这是评论者真正所说的话：

> 这部电影真是异想天开、难以置信——很难相信这样的垃圾作品出自好莱坞。我简直找不到合适的词语形容这部电影带给我的冲击，但我可以尝试一下：沉闷、乏味且催眠，它让我昏昏欲睡。

没说出来的话可以和说出来的话一样具有破坏性。有人问你："你认为萨莉·桑提斯可靠吗？"你犹豫了一下，可能一时语塞，然后回答："我最好不回答此问题。我其实并不是多么了解她。"你没有公开说出伤害萨莉·桑提斯的话，但是你的犹豫、迟疑和缺乏正面支持可能真正伤害了她。

此处还有一个例子。一位老师为一名学生撰写大学推荐信，回答以下问题：**请描述你认为该学生最突出的优势**。老师回复如下：

> 汤姆作为我的学生至今已有三年。自始至终他都是认真负责的。他从未旷课，而且总是按时上交作业。他在课堂上情绪高涨，并且积极参与课堂讨论。他曾经是课堂辩论中的反驳专家，他说的话非常令人信服。

其实，这位老师没说任何怪罪的话，她也没说任何毁谤该学生的话；事实上，她所说的都是正面的话。该老师的回应中并没有任何负面言辞。然而，没有一所大学会被这样的回复所打动。这位老师的所作所为就是被称为**明褒实贬**的一个例

证，这是重音谬误的一个变式。这位老师只是重点强调了优良
品质，但这些品质太无力、太微不足道，从而实际上看上去像
劣势。

最后，缺乏经典案例的重音讨论是不完整的。这则轶事
出现在查尔斯 E. 特洛（Charles E. Trow）写作的《塞伦老船
长 》（*The Old Shipmasters of Salem*，G.P. Putnam's Sons，
1905）：

> L 船长——有一位偶尔沉迷于烈酒的大副，而且不时地
> 喝醉。船停靠在中国的一个港口，大副已经上过岸，相当肆
> 意地醉倒在中国港口常见的大院里。他回到船上，"酩酊大
> 醉"，仿佛拥有整个世界。船长几乎滴酒不沾，时常为手下人
> 这种丢脸的行径深感不安，尤其是在全体船员众目睽睽之下。
> 大副的职责之一就是每天填写"航行日志"，既然那位"杰出
> 人物"写不了，船长就自己做好登记，但是加上一句："大副
> 一整天大醉。"第二天船舶离港，大副"清醒过来"。到时间
> 填写日志了，当他看到船长所写的内容后大吃一惊。他冲到
> 甲板上，不久后，以下对白发生了：
>
> "船长，为什么你昨天在日志里写我一整天大醉？"
>
> "这是事实，不是吗？"
>
> "好吧，我知道是事实，这样说对我不好。"
>
> "这是事实，不是吗？"
>
> "是的，但是如果船主看到了会怎么说啊？它会伤害

到我。"

　　但是大副得不到船长任何其他回应，除了一句："这是事实，不是吗？"

　　第二天，船长检查日志的时候，他发现大副在观察报告的底部写着航线、风、浪，以及"船长一整天未醉（船长一整天严肃）"。他一怒之下冲到甲板，遇到大副——早知暴风雨即将到来，然后又发生一段对话如下：

　　"你什么意思，你这无赖，昨天居然把我'一整天未醉'写进日志？"

　　"船长，这是事实，不是吗？"

模棱两可

　　句中若有词语可产生歧义，可称为模棱两可。一般人无法确认一个词语或一组词语的语法是什么。"费城乐队是流行音乐团队。"他们是一支演唱流行音乐的团队吗？还是他们是一支很流行的音乐团队？流行这个词语的词义就很模糊：它是修饰音乐的，还是修饰音乐团队的？当然，在书面语中这个问题可以用连字符来补救⊖：一支流行音乐的团队，而不是一支流行的音乐团队。但有时候模棱两可的情况更加微妙复杂。看看下面这则报纸上的分类广告，出现在**公寓出租**条目下：

　　⊖　在中文表达里可以通过加"的"来补救。——译者注

三个房间，江景，包含私人电话、浴室、厨房、家用设施。

你的兴致一下就上来了。结果到公寓实地一看，既无浴室也无厨房。你质问业主。他辩称在大堂尽头有公用浴室、厨房等家用设施。"那广告上怎么提到私人浴室和厨房？"你质疑道。"你说什么呢？"业主回答，"广告上根本没有说私人浴室和私人厨房，广告上只说有*私人电话*。"这则广告就是模棱两可。一般人从打印的文字上根本看不出私人是仅仅用来修饰*电话*还是同时也修饰了*浴室和厨房*。

语法歧义

语法歧义有多种来源。

（1）歧义来自限定语句和非限定语句的不明。

This proposal is favored only by the workers who are eager to get something for nothing.

这个提议只有热衷于不劳而获的工人才喜欢。

如果这句话是书面语，应该就没什么问题，只要作者尊重、读者理解标点符号的运用规则。但如果这句话是口语，它就可以这样理解：

This proposal is favored only by the workers, who are eager to get something for nothing.

这个提议只有工人才喜欢，他们热衷于不劳而获。

听到这句话的人可以理解为所有的工人都热衷于不劳而获。

（2）错误的对比或者不完整的对比可以导致歧义："我喜欢莱斯利，比路易斯更喜欢。"这句话可以表达"我喜欢莱斯利，比我喜欢路易斯更甚"，也可以表达"我喜欢莱斯利，比路易斯喜欢莱斯利更甚"。从另一个角度来看，不完整的对比开放性太大而无法确定其准确含义："在超市购物，花钱更少。"我们会问："比什么花钱更少？"

（3）还有代词的模糊使用。

警察和消防部门威胁罢工，政客们威胁报复。报纸媒体声称他们的言论只会导致更深的敌意。

他们是指报纸媒体吗？还是警察和消防部门？还是政客们？

（4）特定词语带来的歧义。

I won't help you because you are drunk.

我不会因为你喝醉了才帮助你。

我不会帮助你，因为你喝醉了。

这是不是说"我会帮助你，不是因为你喝醉了，而是因为其他的原因"，又或者是"我不帮助你的原因，是因为你喝醉了"。

Prices have been reduced so you can shop with ease.

价格已经降下来了，如此你就可以轻松购物了。[⊖]

价格已经降下来了，所以你可以轻松购物了。[⊜]

这是不是说"为了方便你轻松购物，价格已经降下来了"，或者说"价格已经下降了，因此，你可以轻松购物了"。在第16章我们会遇到更多的语义学上的问题。

并列

我们已经在第 4 章见识过并列是如何在无须表达的情况下进行暗示。表面上毫不相关的两个言论或事件如果以这种方式呈现，我们会忍不住推论二者之间的联系："昨天晚上你听到附近有人开枪吗？顺便提一句，我知道雷蒙德·斯平纳家里现在有把枪！"说话的人是在暗示开枪和雷蒙德·斯平纳有某种关系吗？还是提及开枪只是让说话的人想起斯平纳现在拥有一把枪呢？还有一个更具说服力的例子：报纸报道市政厅丑闻之后两天，市长取消了筹款晚宴。我们不禁认为市长之所以取消

⊖ 表达的意思为：价格专门为你而降。——译者注
⊜ 表达的意思为：价格自然下降。——译者注

筹款晚宴，是因为他对此很尴尬，甚至可能卷入丑闻之中，认识到这件事情很热门，所以开筹款晚宴的时机不对。然而，事实可能完全与推断不符。市长可能完全与所谓的丑闻毫无瓜葛，他可能实际上对此一无所知。他取消晚宴可能完全是其他的原因。他可能认为当地经济正处于不稳定时期，而这些经济条件让他觉得现在并非筹款的最好时机。甚至也许在报纸报道丑闻之前，他就取消了晚宴。

三段论省略式推理

最后，还有三段论省略式推理，一种不完整的论证方式。当我说"泰比是猫，我讨厌她"，我的表达方式就是不完整的。我省略了一种类似"我讨厌所有猫"这样的命题。我们经常在表达方式中略去前提条件，并希望人们做出必要的推断。通常情况下这没什么问题：未声明的前提条件通常是显而易见的。"看看那些乌云，我猜要下雨了"，此处省略的命题很有可能是这样的："像这样的乌云总是带来降雨"，或者"我听到最新的天气预报说要下雨。看看这些乌云，我猜要下雨了"。

不用说，无论何时，只要人们不得不做出推断，就有做出不正确推断的危险。有时候结论并无多大不同——比如刚刚引用的例子。问题并不在于为什么你认为天会下雨，而是在于天会下雨。但有时候三段论省略式的表达方式会产生严重的后果。比如，回头看看前述章节所举的例子。该名人评论说：

　　　　各位，你们可能意识不到，当我不得不面对镜头时还是很紧张。所以，最佳的外观状态对我而言非常重要。当摄像机推进给我拍特写时，我的牙齿必须非常洁白。因此，我使用 Pepomint 牙膏。Pepomint 让我的牙齿洁白。

这些观点似乎就是一系列的**不合理推论**（non sequitur），而这位名人让它们看起来很愚蠢。不过，也许只是思路不完整才导致它们看起来如此愚蠢。这位名人真正想表达的意思可能是这样：

　　　　各位，你们可能意识不到，当我必须面对镜头时还是很紧张的。所以，任何能带来一点安全感的事物我都需要。使用 Pepomint 牙膏给我带来安全感。它让我的牙齿洁白，因此，当镜头拉近拍特写时，至少我不用担心牙齿的问题。

补充好省略的命题之后，该名人的评论看上去更合理了。

第 9 章

混淆和不正确推理

"但是'光荣'并非意味着'致命一击的论证'。"爱丽丝反驳说。

"当我使用一个词语的时候,"汉普蒂·邓普蒂(童谣中从墙上摔下、跌得粉碎的蛋形矮胖子)用相当傲慢的语调说,"它就是我想表达的意思——不多也不少。"

"问题在于,"爱丽丝说,"你能够用词语表达这么多不同的事物吗?"

"问题在于,"汉普蒂·邓普蒂说,"谁是主要问题——就这样。"

——刘易斯·卡罗尔(Lewis Carroll),

《爱丽丝镜中奇遇记》(*Through the Looking Glass*)

混淆可能来自多种源头:来自疏忽大意,来自不准确的措辞,来自仓促或不正确的推理,来自误解误释,来自歧义,来自模棱两可,来自过度简单化,来自无法从不相关主题中辨别出相关内容,来自无法从貌似合乎逻辑的关系中辨别出情感诉求。

对单个词语的误解会导致混淆。有时候人们对词语的结构和意义会做出不正确的假设。比如，易燃（inflammable）这个词语，他们会推理为"不容易着火"，因为前缀 in 通常对词语进行否定：不活跃（inactive）、不合适（inappropriate）、无效（inefficient）。他们不知道前缀还有另外一种功能：对词义进行强化，如创立（institute）、非常贵重（invaluable）、包含（include）。因此，他们没能辨别出可燃（flammable）和易燃（inflammable）是同义词。

当人们使用一些不知道精确含义的词语时，就可能产生词义混淆。比如，一份报纸上的审讯记录如此声称："哈特法官在整个庭审过程中保持公正无私（disinterested，也有漠不关心之义）。"看到这份记录的人马上跳起来说："如果法官漠不关心，他还当什么法官。"然后他继续炮轰法官对审讯过程掉以轻心。此处是因为读者混淆了公正无私（disinterested）和不感兴趣（uninterested），从而犯了一个严重的错误。

语言上还有很多发音类似而意义不同的词语，比如，嘲笑（flout）—炫耀（flaunt）；合理（rational）—文饰（辩护合理性，rationalize）；可靠（credible）—值得称赞（creditable）；幻想（delusion）—暗示（allusion）；规定（prescribe）—禁止（proscribe）。许多人并没有认识到上述每对词语之间有什么区别，他们通常不加选择地随意使用其中一个词语。当人们混淆了类似的词语之后，他们以为自己能表达的意思与他们真正说出的话就变成完全不同的两码事了。

人们有时了解一个词语的常用意义，却不知道该词语的微妙之处或隐含意义。一篇文章曾经提及一位钢琴师突然变得臭名昭著（notorious），以至于收到好几份唱片合约。当然，臭名昭著（notorious）确实有著名（famous）的含义，但这两个词语并非同义词。一个臭名昭著的人是由于其为人所不齿的行为而闻名于世。

另一个词义混淆的源头是，当词语具有次要意义时，其主要意义有时候会被人忘记——比如 restive（倔强、难驾驭）这个词语。有人会说这个词语是"宁静放松"（restful）的意思；他们弄错了。其他人会自豪于知道这个词语的真实意义："不得安宁"（restless）。当然，后一群人是对的，但只是部分正确。很少有人认识到这个词语的第一种意义是"难以驾驭""不守规矩""顽固""不合作"。现在，假如有三个人听到 restive 这个词，并且每个人都确信自己知道它的意义，每个人都给这个词语指定一个不同的意义："宁静放松""不得安宁""不守规矩且不合作"，想想这样的对话如果继续下去会有什么混淆发生。

混淆可以源自一个词语同时拥有专业用法和宽泛用法（通常是指俚语用法）。比如我称呼某人为杂种（bastard）时，我是在陈述事实，还是在表达我对此人的厌恶呢？当我说，比琳达犯有过失杀人罪（manslaughter，字面意义也指屠杀、杀人），如果有人并未认识到 manslaughter（过失杀人罪）是指法律专业用语那层意义而非一般性的描述，就有可能对比琳达在大脑中形成非常暴力的画面，想象她蓄意谋划杀人的计划然后残忍地杀害无辜的受害者。许多人用交响乐一词来大致描述古典音乐：一首肖邦的《夜曲》成了交响乐。有些人使用维多利亚时代一词作为保守和假正经的同义词。我记得曾经有人把亚历山大·蒲柏（Alexander Pope）的诗描述为维多利亚时代的——全然不顾蒲柏的诗领先维多利亚女王的统治整整一个世纪。此外还有精神病学和心理学的用语：**精神病患者、精神分裂症患者、肛门性格的、精神错乱、躁狂症**……这里只是略举数例。尽管这些词语大相径庭，每个词语都代表一种医学意义，但它们却频繁地用来描述古怪或者反复无常的行为，而且可以互相通用。对这些不知所云的人而言，医学和心理学词汇就是名副其实的摸彩袋，抓到什么就是什么。要小心这种门外汉曲解的心理学！

与词义混淆紧密相关的现象发生在使用**评价性词语却没有做出明确定义**之时。比如，假定我提及拉瑟小姐时使用了**天真**（crude）[⊖]一词。坦白地说，我头脑中已有特定的品质概念存在。然而，这个词语对你们而言却有完全不同的意义。因此，除非我对所表达的意义做出限制，否则你会把自己的想法带入这个词语，并因此产生一系列完全不同的联想。评价性词语对不同的人而言代表着不同的意义，因此，当几个人听到同一个评价性词语时，每个人都会产生不同的印象，而每一种印象可能都与说话者真正想表达的意义相去甚远。

人们有时候就是滥用词语。大卫·费希尔（David Fischer）在他的著作《史学家的谬误》（*Historians' Fallacies*）中做出

⊖ crude 还有粗鲁、原始、质朴、率直的意思。——译者注

了精妙的观察：

> 众所周知历史学家会将"有时如此"写成"向来如此"，将"偶尔发生"写成"有时如此"，将"极其罕见"写成"偶尔发生"。按历史笔法"当然"有时候就是"很有可能"的意思，而"很有可能"就是"也许可能"的意思，而"也许可能"就是"不放弃有这种可能性"的意思。

绝非仅有历史学家如此！我回想起曾听过一位受过高等教育的人如此评论："我对会议的出席人数感到惊讶，每个人都来了，只有六个人缺席。"对于这样的评论有什么可说的呢。会有人愤怒地指出，坚持认为只要有六个人缺席，就不能算是*每个人*都来了。有时候人们会觉得我们生活在爱丽丝的奇境里，表述者想让词语代表什么意义它就能代表什么意义。

费希尔继续描述这个问题。同样，我们不应该将他的评论局限于历史学家：

> 诸如"无须评论"这样的表述有时候应该理解为"我不知道它需要什么评论"。当有历史学家写"这是未知的"，他可能想说的是"对我而言是未知的"，或者"我不知道"，甚至可能是"我辨别不出"。这种表达方式"实际上"有时候仅仅意味着"在我看来"，而"无疑""毋庸置疑"或"毫无疑问"这种表述，有时候真正应该解读为"有一点点疑虑存在，但我（作者）就是不在乎。"

多义谬误是导致混淆的惯常源头。有三种常见类型的多义谬误。第一种类型发生在一个词语有两种或两种以上不同含义，并且不同的含义混合在一起时。因为不同的含义彼此之间未区分开来，混淆就趁机而入。迪士尼世界的一则广告如此写道："你的幻想世界还未实现吗？"让迪士尼世界来迎合大多数成年人的幻想是不太可能的。有个更荒谬的例子是这样的："詹姆斯·门罗是一位强大的（strong）总统。因此，当需要保护他的房屋时，我们需要一种耐用的（strong）油漆。Z牌油漆正在被使用。耐用的（strong）油漆适合于如此强大的（strong）总统。所以，请使用 Z 牌油漆。"

第二种类型的多义谬误发生在词语的意义在表述过程中不断变化时。让我们回头看看此前引用过的一个例子：

> 我们需要监狱管理改革，这已经迫在眉睫。我们的监狱已沦为大多数人的尊严被掠夺之地。事实上，伟大的人道主义者，阿尔伯特·史怀哲说过：'只要还有一个人，作为人类的基本权利和尊严不被承认，则没有一个人是自由的。'基于现有的情况，女士们、先生们，你或我都不是自由的。

自由（free）这一词语具有多种含义。首先可用于它的广泛意义（广义）：由人权法案所赋予的信念的自由、信仰自由、言论自由以及其他自由。其次还可用于限制性意义（狭义）：遭**囚禁**的对立面，该词语的本义。这种类型的多义谬误非常微妙，能导致相当重大的混淆。

第三种类型的多义谬误来自相关的词语："艾森豪威尔过去是一位好将军、好公民、好父亲、好高尔夫球手、好美国人。因此，他将成为一位好的美国总统。"这个结论就是一种**不合理的推论**。他可能是最好的将军、最好的公民、最好的父亲、最好的高尔夫球手，最好的活着的美国人，但这些品质都不代表他能成为一位好总统。此处还有另外一个例子："克莱斯勒大厦是一座建筑物，它也是一座小型摩天楼；因此，克莱斯勒大厦是一座小型建筑物。"这当然不对，一个形容词不能从一个名词转移到另一个名词会带来含义的改变或者扭曲。

浮夸（参见前面章节中的**官样文章和行话套话**）会促成混淆的产生。言过其实、自命不凡、自负、夸张的语言和思想有时候也能够掩饰以下事实，说话者毫无重要结论可说，说的都是废话，不知所云，只是说得天花乱坠，言辞毫无意义："如果我们要讨论**虚无**，就必须定义它，而如果我们能定义它，它就必须存在，而如果它存在，那么它就是一件事物，因为只要是存在着的，没有不能成为一件事物的——无论那事物是具体可感知的还是抽象的。定义断言内在本质的认知，而如果有人可以探明本质，那么他也必须承认本体论，而接受本体论一定会建立举证责任（onus probandi）的满足。"

人们听到如此哗众取宠的言辞也许会深深折服，从而将狂妄自负与博学多才混为一谈。

双重标准也会促成混淆的产生。当有人声称支持某种信念，却将自身排除在实践信念之外时，就产生了双重标准。古老的讽刺短诗"按我说的来做，而非按我做的来做"（说一套，做一套）往往含义深远。人们总是频繁地改变标准和信念以使自身便利。亨德里克斯先生，一位勤劳努力的商人，大张旗鼓地认为对富人应该课以重税……直到自己成为富人；然后他迅速地改变了态度。加尔文太太痛斥少年吸烟成瘾文化……直到她儿子被抓到吸烟："你知道的，这也不是那么严重，"她对邻居解释说，"所有孩子都试过，至少他没有喝酒。"乔治·奥威尔（George Orwell）将此现象描述为**双重思考**：同时容纳两种互相矛盾信念的能力。

　　人们有时候貌似在犯下双重思考的过错，其实只是没有明确地表达出自身的真实动机。一群高管正在决定一场会议的时间安排，现在是星期一早晨：

　　B 先生：我们星期二的上午和下午都忙得不可脱身，不如我们约定在星期二晚餐过后开会？

　　D 先生：不，不，请别这样！除晚上之外任何时间都行。晚上开会太可怕了。我发现自己在晚上非常疲劳，而且我注意到晚间会议的效率也不高。此外，我们的时间也不够。

　　G 先生：那么，星期三如何，上午或下午都行？

　　B 先生：我恐怕星期三整天都在城外。

　　H 先生：可是我们必须在星期四之前开会。那就只有今天下午了。今天下午 4 点如何？

D先生：不，不是很好。我们的时间不够……我们会很匆
忙。不如今晚，比如晚上9点。我们可以待在城
里，享受一顿休闲的晚餐，充分准备晚上9点的会
议——怎么说，它也不用花太久时间。

这个时候，高管们可能准备勒死D先生了。他刚刚说过不
喜欢晚上开会，现在又建议晚上开会……还有一点更离谱，到
晚上9点才开会。他刚刚否决了下午4点的会议因为"我们的
时间不够"，现在又说会议"怎么说，它也不用花太久时间"。
如何解释这种自相矛盾？

事情的原委是这样的：D先生热切盼望着观看下午晚些时
候开始的世界职业棒球大赛决赛的电视转播。同时，若以棒球
比赛为由导致其他人的不便，他又觉得有点不好意思。因此，
他表演了权宜之计。他只留意听了其他可能的时间，星期一晚
上，并他选了一个时间来满足自身的便利，9点，开会之前他
有一个小时的时间回家观看比赛。他不喜欢晚上开会是真的，
但只要能让他观看比赛，他愿意忍受任何的不便。他的同事可
能认为他是傻瓜，因为他们不知道他的真实动机，但D先生愿
意为个人原因放弃本人的可信度和一致性。

标准的问题通常具有重要意义。我们所有人并非总是采取
同样的角度和标准来处理某种情况。若未能识别不同的出发
点，混淆就会产生。然后我们的对话就会变得南辕北辙。举个
例子，埃伦是霍尔特先生的秘书，由于遭受周期性偏头痛的折

磨经常不在办公室。有时候偏头痛发作会迫使她连续两三天不能上班。有一天，公司领导巴拉德先生询问埃伦的情况。在谈话的过程中，巴拉德先生问道："她对待工作认真吗？"霍尔特先生回答："我看不到她对待工作有多么认真。我不能指责她因为偏头痛症而缺席。但她桌上的文件堆得老高，而她远远跟不上节奏。即使她桌上堆满了任务，她还是下午5点钟就下班——她没有缩短午餐的时间以试图赶上任务，也没有周六回来上班以试图赶上任务。事实上，现在我们的文书工作就已经落后好几天了。不，我不认为她对待工作有多么认真。"

此处的问题在于霍尔特先生只是站在自身的角度来评估现状。很有可能埃伦的确非常认真地对待工作，霍尔特先生也从来没有明确要求她投入额外的时间来赶上任务，埃伦也从来没有在自己的时间内来办公室上班。也有可能人事主管告诉埃伦，除非另有明确要求，否则她的上班时间就是上午9点到下午5点。因此，从埃伦的角度来看，她尽了全力，霍尔特先生的说法是不公平的。

另一种类型的混淆来自**循环论证**，有时候也称为**回避问题**。当把论证的前提条件之一作为它的结论时，这种论证方式就是所谓的循环论证。它没有证明任何事情，只是在前提条件的伪装下重新阐述了一遍前提条件。下面这个例证将清楚地说明循环论证的原理。

萨缪尔森有关经济学的著作广泛使用于美国的大中院校，因为萨缪尔森是经济学的权威专家。无人能够否认他是权威专家，而且是那个领域的重量级权威专家。我们知道他是一位权威专家，因为他的著作广泛使用于美国的大中院校。如果他不是权威专家，他的著作就不会如此广泛地使用。

这种公式类似如此：

- 因为命题 A 是真命题，所以命题 B 是真命题。
- 因为命题 B 是真命题，所以命题 A 是真命题。
- 因此，命题 A 是真命题。

但我们一直知道命题 A 是真命题；因此什么也没有证明。

循环论证有时候用来产生幽默效果：

玛莎： 乔治，你还记得以前我们约会的时候爸爸总是在一旁等我们吗？其实，我真的希望他待在现场。

乔治： 为什么？

玛莎： 我不想在如此不安的环境下与你独处。

乔治：（担忧不已）为什么？

玛莎： 因为我害怕我要做的事情。我害怕我无法控制自己。

乔治： 哦，那没什么可担心的。我什么都不会做的。

玛莎：（担忧不已）为什么？

乔治： 因为你爸爸在那儿。

推论

　　大量的混淆来自错误的推论。人们曲解词语或言论，超越自身权利做出过多假设，不恰当地解读字里行间的含义，无中生有地推断因果关系，在论据不足的前提下一概而论。

　　把补充混淆为对立面。举例而言，**好**的补充是**不好**，对立面是**坏**。两者之间区别很大。如果我说一场表演不好，我并不是说它就是坏的。类似地，如果我说"宾汉姆先生不喜欢你"，我不是说宾汉姆先生讨厌你。同样的道理，如果两个人表达两种不同的观点，我同意其中一个人，那么我并非一定要反对另一个人，或者暗示其他人是错误的；然而另一个人可能会假定我不同意。

　　一个词语有三个层面：该词语所表示特性的存在，该词语所表示特性的缺失，以及该词语所表示特性对立面的存在。中间的层面，即补充的部分，仅仅表明特性的缺失，它不能代表更多内容，它是中性的，不代表任何明朗态度。

词语	补充		对立面
好	不好	不坏	坏
喜欢	不喜欢	不讨厌	讨厌

　　一个人如果尊重语言，就不应该跨越隔开词语与补充之间的垂直线，以及补充与对立面之间的垂直线。实际上，否定用语就会导致这种问题的产生，因而要尽可能地避免使用它们，并且尽量使用肯定用语来表达看法。因此，与其说"这场表演

不好看"，不如更准确地说"这场表演还可以"，或者"这场表演不坏也不好，差强人意而已"，或者"这场表演很一般"，或者"这场表演难以形容"。所以，与其说"宾汉姆先生不喜欢你"，不如说"宾汉姆先生既不喜欢你也不讨厌你"，或者"无论如何，宾汉姆先生对你并没有强烈的好感"。如果用积极正面的词语表达看法行不通，那么至少应该清晰表态你并不打算暗示对立面。

还有**合成谬误**，这种谬误发生在有人将局部的各种属性投射至整体的属性时："如果每个部分都是真实的，那么整体就是真实的。"然而，这种推理未必正确。拿管弦乐队来举例子，管弦乐队的每个成员都是一流的表演家并不能保证该管弦乐队的整体表演绝对一流，成员之间也许无法合作。合成谬误忽略了部分之间的关系。对局部而言正确的事物未必在整体上也正确。

合成谬误会导致轻率的归纳与刻板印象（心理定势）。这发生在群体中的单独个体或者某些个体的行为投射至该群体的全部成员时。因为 X 学院的几个学生在当地酒吧喧哗闹事，有些人会认为 X 学院的所有学生都是惹麻烦的人。

相反的过程为我们提出了**分解谬误**，即假设对整体而言正确的事物对每个部分也都正确。有人会辩称，因为管弦乐队表演一流，所以该乐队的每个成员都是一流的独奏者。有人会臆断，因为斯蒂芬就读耶鲁大学，所以他曾经一定是个极其优秀的高中生。当然，耶鲁大学确实录取了许多优秀的高中生，但它也录取过其他一些学生，因为他们的父母有钱或者父亲是校友，或者因为申请者有某些独特的天赋。所以说，推断斯蒂芬曾经是一位极其优秀的高中生并非完全可靠。

另一个谬误是**不恰当周延谬误**（fallacy of improper distribution）或者**加法谬误**。这个谬误假定你可以添加无法累加的项目。一位校园管理人员辩称："取消我们每天早晨的效忠宣誓，我们每天就能节约两分钟，每周就是十分钟，截至年底就相当于多出整整一天的时间。"这样的算法仅仅在纸上正确。每天多出的两分钟实际上可以忽略不计。有座大城市的校园董事会利用这种谬误来找回由于近期暴风雪袭击而失去的时间。面对如何弥补由于暴风雪袭击封校而失去的时间这个问题，他们简单地把每天上学的时间延长半小时。

曾经有人沉思："如果把拉链安装到睡衣上取代纽扣，我每天就能节约 20 秒钟，那就是每周超过两分钟，一年好几个小时，一生有 3 ～ 4 天。"谬误在于你无法把每次穿睡衣时用拉拉链取代系纽扣而节约的几秒钟收集起来并保存。

该谬误的一个变式发生在人们试图重新分配某事物时，声称"只要最终结果一样，一切都好"。一位管理者对足球教练说："你不能从周一到周四每天都有 90 分钟来进行足球训练。不过别担心，你什么也不会失去，周五时你可以从中午训练到晚上 6 点。"

问题在于足球队每天都需要时间训练，它的进步是渐进和积累而成的。管理者错误地推断 6 小时就是 6 小时，无论它如何分配，一个 6 小时时段和 4 个 90 分钟时段的训练会让球队达到同样的效果。管理者忽略了效益递减定律：事实就是，经过长时间的训练后，再训练就没有任何效果了。

类似的谬误发生在机构告诉委托人几个月之内无法提供资金，但过后会提供双倍资金补偿时。比如，福利机构说 4 月份无法签发任何支票，但 5 月份可以签发双倍金额的支票。这些机构所忘记的是，民众不可能在 4 月份停止进食，然后在 5 月份吃双份数量来补偿。

因为共同特征而下定义。你认为某人或某物是某一特定团体的成员之一，只因为此人或此物与该团体的其他成员具有同一种特性。"所有的共产主义者都不相信资本主义。哈里特不相信资本主义，所以，哈里特是共产主义者。"此结论未必为真。哈里特不相信资本主义并不能让她自动变成共产主义者。除共产主义者之外的人也有不相信资本主义的。这种谬误的专业名称是**中项不周延谬误**。此后我们还会看到更深入的这种例子。

意见、推论、推测和态度通常被混淆为事实。这种误解通常以谣传的形式展示自己。大卫告诉菲利普，自己对工作不满意；菲利普告诉琳达，大卫正考虑辞职；琳达告诉山姆，大卫正在辞职；故事就此传开。人们经常自言自语，当这样做时，他们偶尔会表达出自己并未完全投入的情绪。转述这种情绪是不负责任的行为。

一个电视节目正在做一期有关美国人体验阿根廷生活方式

的专题。专题结束的时候，一位受访者被问到类似这样的问题："如果在此地的美国人可以选择留下或者离开，你认为他们会怎么选择？"这个人思考了一会儿然后回答："我认为他们会离开。"现在假设布朗夫妇正在观看这期访谈节目。布朗先生的公司已经要求他前去阿根廷，然而布朗夫人完全反对这次出行。很自然地，她会说："看啊，乔治，我和你说过什么！我们不会喜欢待在那里的，别把我的话不当回事——刚才就是证明，那里的美国人现在就想离开。"布朗夫人听到了自己想听的内容。她听到一个人的意见，然后把它当成事实。接受访问的人也许正确也许错误，但没有理由把意见当成事实。

有种非常危险的谬误，发生在人们把**所有**与**有些**混淆，或者把**一个**与**大多数**混淆时。许多人如此推定，因为有些公民有特定的感受，所以这就是所有公民或者大多数公民的感受。更糟糕的是，许多人将一家之言投射为整体的想法：因为一个人有这种感受，所以每个人都有这种感受。上一段引用的例证就是一个典型。布朗夫人把一个人的意见作为生活在阿根廷的全体美国人的代表意见。这是合成谬误的一个变式，但是，合成谬误假定若对各部分而言是真实的，那么对整体而言也是真实的，而**所有/有些**或者**一个/大多数**谬误则假定若对有些部分而言是真实的，那么对所有部分而言也是真实的，或者若对其中一个而言是真实的，则对大多数或者所有而言也是真实的。

这个过程可运用于独立的偶发事件。一位女同性恋者行窃被捕。"我一直就知道，人不应该相信女同性恋。"傻瓜这样评论，将一个人的行为投射到整个群体，仅仅用偶发事件来支持一种偏见。有人因为挡风玻璃的裂缝爆裂而陷入车祸，于是有些政客立即启动立法，无论如何只要开挡风玻璃出现裂缝的车即违法。市政府有两到三位成员被发现有贪污行为："整个政府都是一伙恶棍。"有人会这样评论。

所有这些例证都是典型案例：过度反应、轻率归纳、过度简单化、假定对某一部分而言是真实的则对其他部分而言也是真实的。*所有 / 有些*谬误很狡猾，然而却非常常见，它导致墨守成规，导致偏执与偏见，并导致大错特错的结论。

第 10 章

因果关系的混淆

> "你站在这个街角，
> 大张双臂呼喊什么呢？"
> "我在驱逐大象。"
> "可是这里没有大象啊。"
> "当然了：幸亏有我在这儿。"
>
> ——传说

因果关系的研究可以很复杂。出于写作本章的目的，我们将讨论混淆的一些常见类型，它们源自错误的因果关系推理。

首先，我们要确认三种类型的原因，或者条件。**必要原因或必要条件**：除非 X 存在，否则 Y 无法发生，那么 X 就是 Y 的一个必要原因或必要条件。认识钢琴的键盘是演奏钢琴的必要条件：除非你认识钢琴的键盘，否则你无法演奏钢琴。获得氧气是生存的必要条件：人没有氧气则无法生存。

充分原因或**充分条件**：如果当 X 存在的时候，Y 总是会发生，那么 X 就是 Y 的一个充分条件（或充分原因）。手握发烫的铁片是被烫伤的充分条件。它不是必要条件，因为一个人被烫伤的原因有无数种：

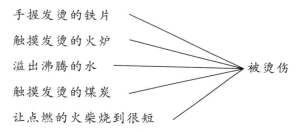

五种条件任选其一（以及无数其他条件）都足以导致一个人被烫伤。

附带原因或**附带条件**：如果 X 是导致 Y 发生的几个因素之一，那么 X 就是 Y 的附带原因或附带条件。重度吸烟是肺癌的一个附带原因。它不是必要原因，因为人们会从其他源头染上肺癌。而且它也不是充分原因，因为不是所有的重度吸烟者都会染上肺癌。

我们现在可以总结一下这三种因果关系。

如果 X 不发生，那么 Y 就不会发生：**必要**原因或条件。

如果 X 发生，Y 就会发生：**充分**原因或条件。

如果 X 发生，Y 可能会发生：**附带**原因或条件。

当人们对这三种关系不加区分时，比如将附带原因与充分原因混淆时，一种常见类型的谬误就发生了。人们把其中之一的原因与**本质**原因混为一谈，"吸烟导致肺癌"就是一个示例。这个说法应该重新表述："吸烟可能导致肺癌"，或者"吸烟是导致肺癌的一个主要原因"。这种混淆是过度简单化的一种类型，常常也是一种轻率的归纳。

有时候过度简单化以冗词赘语的方式伪装：

> 工作不如意吗？是不是处处受阻，难以满足？是不是感到潜力尚未被开发？你是否对着老板说："我比他更优秀。我能干更好的工作！"

> 许多有能力的人没有升到顶层，这是事实。统计资料表明，形象很重要——如何表达自己和推广自己。如果你想获得成功，就必须有进取心和自信心。你不能坐在后面等着机会来找你。

> 这就是**个人动力**建立的原因：帮助像你一样的人。**个人动力**是一群专业人士，他们研究领导力的构成，受过专业的训练来帮助你。他们会告诉你如何展示自己最好的一面，如何让其他人感受到和自己所知一样好的你。

> 所以，如果你想获得成功，就来**个人动力**吧。我们会打造全新的你。

剥去冗词赘语后，这一番推销是将附带原因混淆为必要原因和充分原因。它暗示除非你改变自己的形象，否则无法获得成功（必要原因），而且只要你改变形象，你就能获得成功（充分原因）。它应该说，**个人动力可以帮助你改变形象，而如果你改变了形象，那么你可能更有希望获得成功**。

　　第二种类型的滥用因果关系发生在人们混淆了必要条件和充分条件时。

> **发言人格林**：我们无法改善贫民区人群的困境，除非齐心协力为几千位失业的人找到工作。
>
> **发言人格雷**：一派胡言！如果几千位年轻人在街头流浪，打劫无辜人士的钱财来维持毒瘾，这样也行？

　　格林引用了一个必要条件：贫民区无法改善，除非解决人们的就业问题。格雷从另一个角度引用了一个充分条件：让人们就业也不能充分解决改善贫民区的问题。问题在于，格林从未说过提供就业是唯一的答案，他仅仅说这是必要的一步。两位发言人不见得是互相对立，他们不过是在南辕北辙地争论。

　　第三种类型的滥用因果关系发生在**远因**与**近因**未区别开时。看看这个老笑话：

> 因为少了一颗蹄钉，而丢了一块蹄铁。
> 因为丢了一块蹄铁，而少了一匹战马。
> 因为少了一匹战马，而缺了一个骑兵。
> 因为缺了一个骑兵，而丢了一封信件。
> 因为丢了一封信件，而少了一个部队。

因为少了一个部队，而输了一场战役。

因为输了一场战役，而亡了一个国家。

所以，可以推理出国家灭亡是因为有人缺少一颗蹄钉。

人们可以在归咎原因的路上回溯多远？这个问题没有答案，但人们肯定是要保持理性的，而且人们必须警惕将事物合理化（文过饰非）的倾向。举个例子：安德森先生的肚皮里装满了威士忌酒，身陷一场车祸且撞坏了车。当回到家以后，他强烈谴责妻子：

> 都是你的错。如果不是因为你，这些都不会发生。如果你没有用我们的支票户头买买买，我就不会如此难过。如果我没有那么难过，我们就不会吵架。如果我们没有吵架，我就不会如此疯狂以至于跑出家门。如果我没有如此疯狂，我就不会去凯尔西家喝这些威士忌酒。如果我没有喝酒，我就不会身陷车祸之中。这都是你的错。

怎么也想不到安德森先生可以把车祸归咎于他的妻子。车祸的近因是他醉酒。如果安德森认为自己必须喝醉，那是他自己的事情，但他应该知道醉酒不能开车。如果他醉酒时开车，那他必须为撞车承担责任。他的推理纯粹就是文过饰非（合理化）。

看看下列说法所隐含的因果关系："我失误是因为昨晚熬夜准备经济学期中考试。"我们至少可以从四个方面来响应这个说法：①说话人把附带原因与充分原因混为一谈，比如，他把其中之一的原因作为**本质原因**。②他在**进行合理化（文过饰非）**。③他把一个次要原因指定为主要原因。④他把远因指定为近因。而且他很有可能暗示了第五种关系，一个必要原因："如果我没有熬夜，我就不会失误。"

第四种滥用因果关系发生在**因果关系**处于**颠倒**时：

> 我们当然应该要求所有学生学习艺术课程。学校里最具创造力的学生是艺术专业的。我们当然希望我们这里毕业的学生具有创造力。因此，他们学习的艺术课程越多，他们的创造力就会越强。

是艺术专业让学生变得有创造力吗？还是学校里最具创造力的学生被艺术专业所吸引？

> 咬指甲让人紧张而烦躁。我认识十几个咬指甲的人，他们都是容易高度紧张的人。如果你想成为更放松的人，那么请停止咬指甲。

叙述者将此处的因果关系颠倒了。不是咬指甲让人紧张。相反，实际情况是紧张的人倾向于咬指甲。

> 毫无疑问，伯顿夫人觉得法语是世上最美丽的语言。毕竟她的专业是法语，而且一有机会她就去法国旅行。自然而然地，她必须说法语伟大。

更有可能的情况是，伯顿夫人觉得法语是如此美丽的一门语言才选择学法语专业，而并非如叙述者错误暗示的那样，她捍卫对法语的态度是因为她主修法语专业。

当一种临时现象被混淆为一种因果关系时，因果关系就被滥用了。比如，有**事后归因谬误**（post hoc fallacy），这个名称来自拉丁语词组 post hoc, ergo propter hoc：“发生在它之后，所以正是因为它。”这个谬误发生在有人论证说，因为 Y 事件发生在 X 事件之后，所以它是因为 X 事件才发生的。典型的例子就是部落居民，他们每天早晨敲打手鼓，并想当然地认为，由于黑暗总是在他敲打手鼓后退散，所以黑暗的退散是因为他敲打手鼓。大多数迷信属于这一种类：“我在冰块上滑倒是由于我今天早晨在梯子下走过。”

> 自从加里森市长三个月前履职以来，市政府一直未出现任何腐败案例。这座城市显然受惠于市长，因为市政府恢复了诚实的原貌。

上述论证可质疑的地方很多。但现在我们只能说，除非有确实的证据表明加里森市长独自承担了没有腐败的责任，否则该论证不可靠。难道不可能有多种因素促成了没有腐败吗？

事后归因谬误的变式发生在当有人论证说，因为两件事情同时发生，所以它们之间有因果关系，**即断定同时发生的事情必有因果关系**。

自从我们进入技术时代，尤其是随着我们强调电脑的重要性，我们已经注意到人们对宗教活动的远离。参加教堂礼拜仪式的人数比电脑出现以前显著减少，许多教派谴责成员数量下降。很明显，人们因为电脑而感受到有把握和自信的感觉，从而降低了对宗教的需求。技术已经成为新的"神"。

另一个变式发生在有人妄下结论时。这个谬误有时候被称为不是原因而（误）以为是原因。卡隆先生遭遇抢劫并认为抢劫是对他个人的公开冒犯。更有可能的情况是，劫匪只不过发现卡隆先生的住所容易袭击从而利用了这个机会，与他个人无关。

"这么多的好莱坞女星都是白肤金发碧眼女郎。如果我想成为明星，我最好先把头发染成金色。"同样地，这里出现了错误原因 / 巧合谬误。明星并非**因为**白肤金发碧眼而成为明星。成为白肤金发碧眼女郎也许有帮助，但说话者并未揭露因果关系。

然后还有错误结论的谬误，这种谬误我们已经在"与主题无关"那一章见过。在这种谬误中，一堆理由支持着不正确、与主题无关和不合适的结论。

老板：你已经连续一周每天都上班迟到了。对我而言，这个理由足够把你开除并雇用我妹夫，他想来这里上班很久了。

可能有两点需要说明：①开除职员的理由可能并不充分。

有可能职员从未收到警告；有可能职员的迟到是有充足理由的；有可能老板从未深入探究过这些理由。与开除职员相比，对于老板来说，合乎逻辑的结论可能是警告职员。②即便职员完全不负责任，也未必存在老板雇用其妹夫的任何正当理由，除非裙带关系可作为充足的理由来考虑。

从表面原因中确立合法或者真实的原因是一件棘手的事情。有时候确实很难确定什么是真实的原因，什么仅仅是随之而来的环境因素。主要问题之一是缺少客观性。许多人指定因果关系来证实他们的偏见，或者对他们的错误或不妥进行合理化（文过饰非）。他们妄下结论，因为他们没有花时间和精力来获取全部的事实，从而仔细研究、分析然后达到客观。

第 11 章

过度简单化

"朋友们，"他说，"摆在我们面前的是什么呢？

是吃的东西。朋友们，我们需要吃的东西吗？

因为我们是凡人，因为我们是有罪的人，

因为我们是地上的人，因为我们不是天上的神。

朋友们，我们能飞吗？我们不能。

朋友们，我们为什么不能飞呢？"

斯纳斯比先生因为之前的表现受到鼓舞，

便壮着胆子，用那种自作聪明的口吻

兴致勃勃地说："因为没有翅膀。"

——狄更斯（Dickens），《荒凉山庄》，

第 19 章（*Bleak House*，XIX）

　　过度简单化是很常见的倾向，大概所有人都曾经屈服于它。当我们对于复杂问题想寻求快速、便捷的答案时，当我们不想被问题的盘根错节所困扰时，当我们不假思索地快速反应时，我们就是在过度简单化。在宣传鼓动、诉诸情感和混淆这些章节中所提到的一些内容都是过度简单化的例子。下列讨论确定了一些额外的类型。

意外谬误

意外谬误发生在以普遍规律去套用不适合的情况时。这条谬误暗示在普遍规律或原则之下没有任何例外发生。它好比承认法律条文而忽略了法律精神。比如，晚上的雾很重，路湿滑，波登夫人告诉丈夫慢慢开车。"你什么意思啊，"他回答说，"限速55，我不会超速的。"波登先生在此就使用了意外谬误。他忽略了这一事实，特殊的路况已经让限速55英里每小时变得不再适用。引用十诫之一"汝不可杀人"来声讨战争、死刑、安乐死或堕胎的人，会被对手判定为犯下这种谬误。

复杂问题

复杂问题发生在问题提出后，有好几种盘根错节的复杂趋势，但这些复杂趋势要么被忽略要么未被识别："我们应该接受提议吗，接受还是不接受？"也许有部分提议是令人满意的，而其他部分则不令人满意。复杂问题通常在一个问题的掩饰下包含两种或两种以上的不同问题："你还在骗人吗？"这个问题其实蕴含了两个不同的问题："你正在骗人吗？你曾经骗人了吗？"无法识别出复杂问题将导致问题讨论中的各种混淆。有时候复杂问题以陈述句的形式出现。注意以下对争论的决议：

正式决议：国会应该否决总统提议的通胀预算。隐藏在该决议之下的是两个不同的决议：①总统提议的预算具有通胀性质；
②国会应该否决该预算。

中项排除谬误

　　它有时候也称为**非此即彼谬误**或者**非黑即白谬误**。"要么
支持我的提议，要么就不要支持。"实际上，我们可能支持部
分提议但并不支持全部提议。"我们要么给罪犯以全部的自由，
要么给警察以无限的权力。"自由的程度和警察权力的限度却
被说话者所忽略。我们无须给罪犯以全部的自由，也无须给警
察以无限的权力。这种"全或无的谬误"迫使事态趋于极端。
标语口号经常利用这种谬误：美利坚——要么爱，要么走开。
如果枪械是不合法的，那只有不法之徒才能拥有枪械。

分类归档

　　只要我们愿意，我们可以将自身的倾向性投向任何事件。
我们有些人对复杂问题过度简单化，剥离问题的复杂性，强行
将问题纳入某些便于讨论的一般范畴。比如，在当地的一所大
学，里尔登教授在过去的几年发表了一些学术文章。一位同事
评论说："里尔登总是发表文章，他一定是个非常失意的人，
我猜他总得发表些什么来给自己找点儿事做。他的工作方式肯
定有些强迫症倾向。可怜的人……高尚的完美榜样。"同一所

大学的萨莱斯教授从未发表过文章，同样是这位同事评论："萨莱斯什么都不写，我猜他就是无话可说。大概即便他想发表也未必发表得了。此外，他看起来相当懒惰。"真是进退两难：做也错，不做也错。

妄下结论

过度简单化的主要表现之一就是妄下结论。我记得曾经有一次从洗衣店回来，发现在我洗好的衣服之间有条女人的内裤。这条内裤明显是以前使用脱水机的人无意当中留下的，而我只是把脱水机里的所有东西都倒入我的洗衣袋内。好吧，我把内裤扔进垃圾桶。几分钟后我突然冒出一个想法：如果有人看到我的垃圾桶里有女人的内裤会怎么想？

胡子谬误

是什么形成了胡子？一根胡须？不是。两根胡须？不是。三根胡须？不是。多一根胡须有什么区别吗？没有。很明显，你没有办法划出一条线来表明有胡子和没胡子之间的区别。如果有人说，两种现象之间没有显著的分界线，因而两种现象没有区别，那么这个人就陷入了胡子谬论。这是非黑即白谬误的一个变式。它有不同的体现方式。

（1）当有人说多加一个也不会带来什么改变时。学校管理者对老师说："你肯定可以再收一个学生，多收一个又没什么关系。"假设几天之后，管理者又提出一个类似请求……过几天又提出一个。不错，多加一个学生也许没有什么区别，但总会有一个临界点，教室会挤满，或者课堂会变得难以管理。

（2）当有人说如果 A 发生了，那么 B 就会发生，然后 C 也会发生，然后 D 也会发生时。"根本没有界限。"这是过去的多米诺理论（连锁反应）。"如果我们允许市政厅改变分区法规并且同意在冬天大街开一个市场，你知道接下来就会有麦当劳餐厅和拥挤的交通状态，还有孩子们成天闲逛惹是生非。然后他们会引进一些连锁商店，还会有大商场，在你醒悟之前我们所有人都无法住在冬天大街了。"

（3）当有人用不明确的划分来文饰不作为时。劳工和管理层在争论工资："合理工资是多少？ 2.00 美元？""不是。""2.01 美元？""不是。""2.02 美元？""不是。"如果管理层就此争论说，既然多加一分钱不会带来什么大的不同，他们不如停止为这几分钱讨价还价，然后维持原状，那么管理层就陷入了胡子谬误。

绝对用语

人们经常在表达中不加选择地使用绝对用语：*每一个、每个人、一切、所有、总是、从不、没有人、没有东西*。这些绝对用语极少是在合乎情理的情况下使用的。"没有人喜欢新的税收提议。""每个人都对市长的提议感到不满。"在这些说法中，没有人和每个人真正想表达的意思是**大多数人**，或者更准确地说是**大多数和我讨论过的人**。要小心所有使用绝对用语的说法。

错误的折中

错误的折中有时候也称为**妥协谬误**。总有必须做出妥协的时候，然而这些妥协并非总是理想的解决方案，它们有时候支持极端的立场。医生告诉每天抽两包烟的病人，必须完全停止吸烟。"我告诉你，医生，"病人谈道，"我会减到每天半包烟。"病人提出的妥协方案也许有帮助，但医生原先的建议更好。一位学校管理人员觉得应该要求所有的学生必修数学；另一位管理人员觉得数学不是必修的。妥协的办法是只要求一半的学生必修数学，或者要求所有学生必修两年数学而不是四年，而如果事实上四年完整的数学课程具有内在的重要性，那么这种妥协的办法就不能接受。理想的解决方案并非总是存在于妥协之中。

循环定义

这种谬误有时候也称为**回避问题定义**。你把词语定义得非常狭窄以至于只能表达你赋予它的意义："你是一个守财奴。就我个人而言，守财奴就是吝啬到不会带老婆到欧洲去度假的人。你今年夏天不会带我去欧洲，你说太昂贵了，这就证明你就是一个守财奴。"根据这位妻子的定义，这种说法也许是正确的，但仅限于在她的定义之下。根据该词语更普遍接受的定义，这位丈夫未必是一个守财奴。

堕落谬误

"自从人类从伊甸园堕落之后，人类就成为不完美的物种。为什么要改善这种事态呢？人类只会重返自然的堕落本质。"堕落谬误是多义谬误和意外谬误的衍生物。它通常是人因为不想被打扰或者不想采取果断行动而采取的一种文饰行为（合理化行为）。举例：办公室里有两位助理，盖尔和吉姆。吉姆常常很晚才到办公室。有一天，盖尔有怨言。老板说："盖尔，别对吉姆太严格了。人无完人。"之后，假如老板说盖尔也有自身的缺点，那他就犯了**你也一样**谬误。

返回原状谬误

"何苦还要修路！明年冬天它们又会回到破损状态，然后我们又得重新再修一遍。"这是另一种类型的文饰行为（合理化行为）。当人们认为做某事是浪费时间，因为它会返回原有的状态时，就是使用了这种谬误。当然，这种谬误忽略了一点：如果现状得不到改善，情况可能会变得更加糟糕。

时间谬误

"我同意玛丽受到伤害了，但是不用担心，她会克服的。时间会愈合所有伤口。""因为我们减少了垃圾回收处理，所以住在郊区的人们很生气。但他们终究会攻克难关，时间会照料好一切。"问题在于这样的说法只是**部分**事实。时间的确可以缓和委屈。然而文过饰非（进行合理化）的做法把问题丢给时间而不采取行动，仍旧是不负责任的。

雪上加霜谬误，或诉诸盲目乐观

"你只是摔断了一条腿。振作起来！想想你本来可能会失去一只眼睛。""你只是撞坏了车，至少你没有受伤。""你只是失业了而已，至少你老婆还在工作。"如此呼吁是靠不住的，因为他们让你通过贬低实际情况来考虑可能的情形。

《波丽安娜的幸福游戏》（*Pollyanna*）是埃莉诺·波特（Eleanor Porter）所写的小说。女主角波丽安娜是一位过于乐观的人——乐观得可笑，她天真幼稚，在任何邪恶之中都能挑出好的方面来。

决断力谬误

"别找借口，如果你真的想按时到达，你就可以做到。""如果你真的想减肥，那你就会找到方法。"这则谬误暗示了一切皆有可能。如果你想要的事情没有发生，那么它还未发生的原因在于你没有足够强烈地渴望它发生，也就是你还未足够努力使它发生。它还未发生的原因在于你还未下定决心让它发生。毕竟，这种过度简单化声称，如果你专注于某件事情，它就能成功。

理想主义谬误

"你处理问题的方式全错了，不要威胁学生，不要立规矩说禁止作弊，并以开除作为惩罚。相反，给他们开会，让他们认识到从长远来看，作弊只会伤害自己，然后你就不需要立规矩了。""只要我们以正确的方式行事，世界就会变得更加美好。""我们不应该思考酗酒者，我们应该思考酗酒的原因。如果我们能找出酗酒的根源，那么我们就能真正地解决问题。"这种夸夸其谈出自阅历尚浅的人，通常是未经历风雨的人。它本意很好，却不切实际得无可救药。处理复杂问题更明智的方法可参见亨利·皮特·布鲁厄姆（Henry Peter Brougham）关于议会改革的见解。杰里米·边沁（Jeremy Bentham）在他的著作《政治谬误手册》（*Handbook of Political Fallacies*）中引用了以下内容：

> 看看下议院……我的目标是找出它的主要缺陷，然后尝

试进行逐一修补。不提议任何体系、大规划，甚至没有任何
伪装成计划的名称，而要以温和而折中的方式引入……一到
两种单独的法案。

默认同意谬误，或诉诸沉默

"没有人抱怨，所以他们都同意。"你没有听到反对意见，
既不意味着没有反对，也不意味着大家都同意。在公开会议场
合，出于各种理由，人们也许不愿意毫无保留地表达观点。他
们可能害羞；他们可能害怕让自己显得愚蠢；他们也许受到群
体中其他成员或者有权力者的威胁；他们也许由于之前毫无保
留地表达意见却失败受挫；他们也许还暂时处在前段讨论的震
惊之中，不知如何回答这些讨论；他们可能缺乏足够的事实来
支持自己的信念；他们也许不愿意吸引注意力。

假两难困局

许多进退两难的局面反映了过度简单化的思考方式。当两
种极端状态被呈现出来，好似它们为仅有的选择，而实际上，
两者之间还有几种替代方案。进退两难局面的模式如下：

● 如果 X 确实如此，那么 Y 会发生。

- 如果 A 确实如此，那么 B 会发生。
- 我们必须在 X 或 A 之间选择。
- 所以，Y 或 B 就会发生。
- 如果学生诚实，那么我们就不需要诚信守则。
- 如果学生不诚实，那么诚信守则也没有用。
- 学生要么诚实要么不诚实。
- 因此，要么我们不需要诚信守则，要么诚信守则没有用。
- 所以，制定诚信守则是在浪费时间。

有三种方式反驳这种进退两难的局面。有时候三种方式都能起作用，有时候其中两种方式可以起作用，有时候只有一种方式起作用。

第一种，你可以选择从**两角之间**入手。这种**要么……要么……**式命题呈现了困局中的两个角，也就是两种可替代选择。你可以指出，把论证简化为**要么……要么……**式命题并不准确；你也可以指出，提出的这两种可替代选择并非仅有的选择。在上面的困局中，你可以指出学生并非要么诚实要么不诚实，而是学生既有诚实的层面也有不诚实的层面。

第二种，你可以**抓住其中一角**。你可以选取其中一个假设命题指出它的错误。"如果学生是诚实的，那么我们确实需要诚信守则。它会鼓励诚实的学生对不诚实的学生施加积极正面的影响"，或者，"你的说法是不准确的。你不能认为学生都是一样的。有些学生诚实，而有些学生不诚实。诚信守则可以让现在诚实的学生一直保持诚实"。

第三种，你可以提出一种**反两难困局**。你可以指出，现有两难困局的构成要素可以产生完全不同的结论：

- 如果 X 确实如此，那么 B 不会发生。
- 如果 A 确实如此，那么 Y 不会发生。
- 我们必须在 X 或 A 之间选择。
- 所以，B 或 Y 就不会发生。
- 如果学生诚实，那么诚信守则就有用。
- 如果学生不诚实，那么我们就需要诚信守则。
- 学生要么诚实要么不诚实。
- 因此，要么诚信守则有用，要么我们需要诚信守则。
- 所以，我们应该制定诚信守则。

反两难困局并未证明两难困局是无效的，它只不过阐明了存在看待现状的其他方式。

第 12 章

错误的比较和对比

对于逻辑推论，愚人视之为不可侵犯的神圣之牛，智者视其为指路明灯。

——托马斯·赫胥黎（Thomas Huxley），《科学与文化》，第 9 章（*Science and Culture*，IX）

比较和对比可以帮助我们表达自己，它们使我们的表达方式更加生动与丰富，有时候是将具体事物进行抽象化的一种方式，而且有时候还为我们阐明复杂概念提供了一种手段。

比如，几何学的学生可能觉得以下定义很难掌握：二面角是组成两个交叉半平面及其公共边缘的一系列点的集合。但如果学生能够想象房间里相交的两面墙，并认识到二面角就是由这种相交所形成的角，那么此定义就清楚多了。

类似地，当诗人约翰·多恩（John Donne）将相爱的两个人与制图圆规的两个脚进行对比时，这种对比让他把复杂的思想浓缩成几句话：圆规的两个脚可以在物理上分开却仍然通过共用转轴而永远连接在一起；相爱的两个人也一样无法真正分开，他们在现实中也许分开了，但他们仍然通过灵魂或者心灵，也即是爱，联系在一起。他们也许彼此相隔几英里，但互相之间的情感形成了一种无法为距离所影响的心灵联系。

多恩的比较是一种类比，通过展示两种不同事物在各种层面上的相似性，而进行两种事物之间的比较。类比作为他传达复杂思想的一种手段完全合适。

使用类比来传达一种想法是一回事，通过类比来论证或者使用类比来形成推论或意见又是另一回事。类比是描述性的，它不能证明相似性。进一步说，它们只是暗示相似性，它们不建立同一性。

在仅仅暗示类似性的伪装下，试图断言类似性或者建立同一性时，就是在**滥用类比**了。以下例证引用了几种不恰当使用类比的方式。

（1）类比比较 X 和 Y。如果 X 具有 a、b、c、d、e 和 f 的属性，而 Y 具有 a、b、c、d 和 e 的属性，那么大概有充分的类似性来支持这种比较。但有时候类似性并不充分。如果 X 具有 a、b、c、d、e 和 f 的属性，而 Y 只有 b、d 和 e 的属性，那么只有某些相似性，这并不足以论证 X 与 Y 相似。例如，两位大学招生官员对于是否录取琳达·斯丹尼什进入明年的新生班产生不同意见。一位招生官员对另一位说："你没有权利不录取她。要知道，你已经录取了伊丽莎白·多恩。斯丹尼什和多恩都是优秀学生，都是女性，都是运动健将。如果你录取了多恩，那么你就必须录取斯丹尼什。

然而，两个女孩之间并没有足够的相似性来支持她们是具备同样资格的学生这种结论。有上千名学生具有这些特点：女性优秀学生同时是运动健将。

（2）滥用类比发生在有重大的差异被忽视时。让我们继续上一个例子。一位招生官员对另一位说："你没有权利不录取琳达·斯丹尼什。要知道，你已经录取了伊丽莎白·多恩。斯丹尼什和多恩都是优秀学生，都是女性，都是运动健将，都具有 700 多分的大学理事会分数，都来自小农业社区，都是出色的音乐演奏者，一个在全国性杂志上发表诗作，另一个获得了全国科学大赛第一名，都是课外活动的带头人。"

不错，两个女孩之间确实有令人信服的相似性，看似这位招生官员提供了雄辩的论证。但是，如果他忽略了虚构的琳达·斯丹尼什在过去的两年中被抓到作弊三次这一事实，那么他的类比就不成立，他就忽略了两个女孩之间的重大差异。

（3）滥用类比发生在用特定的类似性来同等对待两件非常不同的事物时：

"别对他太严厉了，他的本意是好的。"

"是啊，希特勒的本意也是好的！"

这样的类比不仅不公平，还很龌龊。它制造了一个稻草人，扭曲了讨论的主题。

（4）滥用类比发生在有人用一个元素的关系去预测另一个元素的关系时："X 具有 a、b、c、d、e 和 f 的属性。Y 具有 a、b、c、d 和 e 的属性。所以，Y 也具有 f 的属性。当这种思路用于两个人之间的对比时尤其有害：政客 X 具有某些类似尼克松总统的特点，所以，X 是另一个尼克松。不能相信他。

当评估一个类比时，要探明以下问题的答案：

- 是否 X 的所有属性和 Y 的所有属性都被列举出来了？
- 这些属性有多少是相似的？
- 这些属性有多少是相关的？
- 这些相似性在何种程度上其实并未如外表看上去那么相似？
- X 与 Y 之间的不同达到何种程度？

在质疑类比的时候，尽你所能地去发现多种重大差异。努力证明众多相似性并不重要，或者与主题无关，或者仅仅是巧合。努力证明差异比相似性重要，并使得相似性黯然失色。

前几章已经暗示过其他类型的不恰当比较。比如隐喻。隐喻是集中的或暗含的类比："我讨厌他像鼬鼠般逃避责任的方式。"其中隐含了人与鼬鼠之间的类比。隐喻的危险在于将推论当作事实:"我把他的行为理解为像鼬鼠般逃避,所以他逃避了。"

误用统计资料会导致不恰当的比较。错误或迷惑性的百分比率:"在当前的管理制度下,税收几乎翻番了。"但是当前的管理制度已经实行 16 年了,而在此期间其他社区的税收几乎翻了三倍。把过去管理制度下的福利与当前管理制度下的惨状进行比较,扭曲了事实。

有时候比较或对比仅仅是无效的。假设有人试图将某城市的生活条件与他记忆中 30 年前的城市生活条件做比较。这种比较根本不公平。30 年来时代已经发生巨大改变,试图对两者进行比较根本没有意义。一位妈妈对 17 岁的儿子说:"你怎么敢质疑我说的话,5 年前你从未想过质疑我。"这种说法也许是真实的,但同时也是与主题无关和不公平的。17 岁少年的行为标准与 12 岁儿童的行为标准并不相同。这位母亲没有认识到男孩已经长大了 5 岁,不能期望他遵守 5 年前的行为准则。她陷入了**无关对比**的谬误。而且,如果她通过这种对比认为儿子已经变坏了,她就陷入了**无效对比**的谬误。

无效对比有时候就是试图将橙子与苹果进行比较,也就是说,它试图比较两种完全不同的事物,或者它试图使用不合适的标准。"工会能以一己之力对抗大企业,这种说法简直荒谬,仅通用汽车公司、施乐公司或海湾 – 西方公司就比所有工会加在一起还有钱。"这种说法也许是对的,但这种对比与主题无关。工会获得的重要权力主要来自它的谈判能力以及它拥有成员的数量，并非来自它拥有财富的数量。

另一种无效对比如下所示："如果说年轻人具有新鲜而有趣的想法，那么老年人则具有陈腐而乏味的想法。"这种思维过程就像这样：如果 X 与 Y 相关，那么 X 的对立面必须与 Y 的对立面相关。这种过度简单化当然是荒谬的。它假定 X 且只有 X 与 Y 相关，所以，除 X 之外的事物不能与 Y 相关。

另一个变式："如果他们可以把人送上月球，为什么他们不能制止通货膨胀"，或者"如果他们可以研制中子弹，为什么他们不能想出治愈癌症的方法"。做某件事情的能力并不能预示可以做所有事情的能力。此谬误是合成谬误的一个变式。它假设如果你能完成一个重要的行动，那么你也能完成其他重要的行动。该谬误还暗示另一层意思。它暗示他们不愿意费心去制止通货膨胀因为他们忙着把人送上月球；他们花费了太多的精力去研制中子弹，所以没有什么心思对付癌症。它暗示比起治愈癌症，科学家对研究中子弹更有兴趣。它甚至暗示了如果科学家能用攻克中子弹一样的决心去攻克癌症问题，那么他们也许 / 可能 / 大概已经找到治愈癌症的方法了。

还有另一个变式："你说不想让警察拥有更多权力是什么意思？你是怎么了，反对法律和制度吗？""你说总统不能通过法令宣布开战是什么意思？你是怎么了，是无政府主义者吗？"这种不公平的对比制造出一个稻草人，并使用这个稻草人来中

伤你。它是一个彻头彻尾歪曲的案例。思考这个案例：[⊖]

> 使用化学杀虫剂来控制蚊虫具有很大争议。该毒剂"有效地杀灭蚊虫，（但它们也）更有效地杀灭蚊虫的天敌。只有最坚强和最具抵抗力的蚊虫能在化学杀虫剂的袭击下存活下来，而它们给下一代蚊虫赋予了新的遗传活力，使蚊虫在没有天敌的环境下爆发"。此外，这些杀虫剂会伤害鱼类和野生动物，有时候会破坏私人财产，有时候还会"对人类健康是一种威胁"。

当有一群人开始反抗马萨诸塞州开垦董事局的做法，反抗他们任意地喷洒这些杀虫剂时，董事局主席如此回应：

> 存在一种反对蚊虫控制的有组织团体，这种团体不代表纳税人。我不是说他们不是纳税人……基本上他们打算摧毁蚊虫控制项目。

当然，这是谬论。不仅荒谬而且是彻头彻尾的歪曲。该团体不是反对蚊虫控制，它是反对危险而不加选择地使用化学杀虫剂。像董事局主席这类人的思考方式是这样的："如果你不想以我的方式来做这件事情，那你根本就不想做这件事情。如果你不想做，那你就是反对它。"了不起的过度简单化能力，却是糟糕的逻辑。

⊖ 改述自泰德·威廉姆斯（Ted Williams）的文章"蚊虫课题！"（Project Mosquito），*New England Magazine*（*Boston Sunday Globe*），July 2, 1978。

本章最后呈现的谬误是**一致性谬误**，滥用一致性有两种不同的表现。第一种是**否认一致性的需求**。爱德华兹先生对科尔布先生说："等等，你刚刚改变了立场。五分钟之前你说市长的行为很恶劣，现在你又说他的行为其实并不是那么坏。你能不能下定决心采取更一致的立场！"科尔布先生回答："一致性，胡扯！只有头脑简单的妖怪才需要一致性。"脑袋里充满糨糊的人常常使用科尔布先生的台词。你要记住，如果有人经常改变主意，那么他很可能没什么脑子。

第二种谬误是**一致性的虚假要求**。在有些情况下要求一致性就很愚蠢。当环境改变后，人的立场也必须调整。

比较和对比在本质上并没有错误。当把比较和对比作为目标本身时，或有人试图暗示同一性而不是类似性时，或所谓的相似性实际上并不相似时，或用比较和对比来激发情感从而搁置理性时，危险也许就会发生。

"记住萨科和范泽蒂！"猛烈抨击死刑的人说。[一]

"又一个越南。"不同意政府对以色列军事援助的人说。

"就像罗宾汉一样——劫富济贫！"一群贫民区小孩洗劫当地市场时叫嚣着。

"警察在英国就不佩枪，他们在这儿也不应该佩枪。如果在英国行得通，这里也行得通。"

"这种香水会让他大吃一惊。"爱丽丝说。"臭鼬也可以。"

[一] 两人为 1927 年判处死刑的无政府主义者。——译者注

她恶毒的室友回答说。

"你就是另一个布鲁特斯。"哈罗德向霍雷肖借钱解决毒瘾被拒后说。

所有这些说法都是谬论。

第 13 章

逃　避

没有人说出的话全是他的本意，

而极少有人能把自己的本意全部说出来，

因为人的语言往往脱口而出，而人的思想却凝滞不动。

——亨利·亚当斯（Henry Adams），《亨利·亚当斯的教育》

第 31 章（*The Education of Henry Adams*，XXXI）

逃避技巧很普遍。人们使用它们来规避特定的问题或指控，躲避严密的思考与分析，掩饰自鸣得意和花言巧语，避免自身陷入特定的立场、信念或态度。

前述章节提及的某些技巧可以用来逃避。你可以使用转移注意力的策略，你可以含糊其词地回应，你还可以夸夸其谈地讨论问题本身却从不真正地回答问题。

常用的技巧是**半真半假**。这一技巧在"暗示"一章中标示**为挑选的谬误**。回答问题时按照词语的字面意思去理解问题，而无视问题的真实含义。"如果你做完了家庭作业，就可以帮我打扫房间了。"妈妈对儿子说。"我还没做完。"儿子回答。实际上他只剩一个段落需要阅读，但他在字面意思上没有说谎，他只是没有说出全部事实。过一会儿读完那个段落之后，他还坐在房间里，没有要帮妈妈的意思。"毕竟，"他自我合理化地掩饰说，"她没有说'当你完成家庭作业后，请帮我的忙'，她所说的是'如果你做完了家庭作业，就可以帮我'"。妈妈的话是以陈述句表达的请求，然而，从字面意思来理解，就只是一个陈述句。通过忽略妈妈话里的真实含义，儿子避开了做自己不想做的事情。

通过**含糊其词地回答问题**可以避免自身陷于某种立场。有人问你："你说保拉·索尔特诚实吗？"回答 1："我从不知道她不诚实。"你通过回答问题的对立面来回应问题。回答 2："我从不知道她不诚实"，或者"我从不知道她不诚实"。通过运用重音强调的技巧，你暗示并影射一种怀疑的因素，却从未真正地表达此怀疑。回答 3："哦，这是个很难回答的问题。它完全取决于你如何定义诚实。"一种吹毛求疵的回答很有可能用来转移话题，但又暗示了某种怀疑的因素，而却从未真正地表达此怀疑。回答 4："她一直是认真负责的人，对公司的忠诚绝无问题。"你在回避问题。回答 5：你微笑甚至可能稍微有点大笑。"好吧，我不会和她玩扑克牌，她是个刻薄的扑克玩家。"你暗示她冷酷无情的打牌风格与她在其他领域的风格相似，当然你是在幽默的掩饰下做这件事情。

在每一个回答中，你没有说出任何让自身犯错或者诋毁保拉·索尔特的话语。你没说出口的话才是真正重要的内容。事实上，除了热情洋溢地回答"是的"，几乎任何其他回答都有可能暗示对保拉·索尔特的某种怀疑因素。

你可以通过掩饰答案来避开特定的问题。一位朋友问你这样的问题："你喜欢我最近写的那首诗吗？"你不想说"不喜欢"，这可能会伤害朋友的感情。同时你又不能昧着良心说"喜欢"。或许你不懂诗，或许你没有仔细阅读它，或许你真的不喜欢它，所以，你用下列方式回答：

> "它非常有趣。"
>
> "我尤其喜欢你在第三节中运用的韵律。"
>
> "它让我想起 T.S. 艾略特的《荒原》(*The Wasteland*)。"
>
> "令人印象深刻。"

如果你的朋友没有继续纠缠你的回答，你就脱身了。上述四个回答都暗示了对你朋友问题的肯定回答，却没有真正明确表述这个答案。

下面是想要推脱的人经常使用的一些参考说法和技巧。

"让我们再等一会儿，看看有什么情况发生。"杰里米·边沁在他的著作《政治谬误手册》中把这个称为拖延者的论点："稍等，时机不对。"他的解释清晰易懂："我们经常见某些人持有这种观点，他们其实是反对某种措施，却害怕或者耻于被人知道。他们可能假装赞成该措施，他们（声称）只是对推进该措施的合适时间持有异议。但是，通常他们真正的愿望是看到它被推翻。"

"让我们**每次走一步**，我们不想一下子推进过快。"这种说法也许挺好的，只要你没有面临需要紧急而果断处理的严重问题。

"里面牵扯了**太多的如果**（不确定因素），我们最好不要轻易尝试。"这种说法未必不妥当，但应该进行更仔细地检查。如果不采取行动会有什么后果？不确定因素到底是什么，有多严重？

如果我们做了 A 事情，那么 B 事情就会发生。如果 B 事情发生，那么 C 事情就会发生。如果 C 事情发生，那么 D 事情就会发生……古老的多米诺理论又出现了。如此推测也许是精确的描述，也许不是。应慎重对待多米诺理论，因为它经常假装能够预测未来。

人们有时候通过改变措辞来避免遭受指责。山姆对皮特说："你做了一件可怕的事，居然开除了本·西尔弗。"皮特回应："我没有**开除**本·西尔弗，我只是建议他如果换个工作会更好，而我不过是没有续签他的合同而已。"皮特忘记了，或者选择性地忽略了事实，正如玫瑰换成其他称呼仍然是玫瑰，而铁锹换成其他称呼仍然是铁锹。改变说法并不会改变事实。

然后还有传统和先例的论证方式："我们一直这样做，我看不出现在为什么要改变"，"它过去总是很有效，我们最好保持现状"。过去合适，未必现在也合适。时间的流逝意味着改变，盲目地追随过去则忽略了这种改变。"我们从未这样做过，为什么现在不开始做呢？"答案也许是所提议的方法更好。边沁对此的说法很有说服力。"如果先例的缺乏可以作为一种决定性的反对意见，用以反对问题中的特定方法，那么它也可以用来反对曾经提出的另一种方法。这就包括了曾经采取的每一种方法，乃至现存的每一种习俗。如果此论证方式证明方法不应该实施，那么它也证明了任何其他方法从过去到现在都不应该实施。"这并不是说先例应该被忽略，只是说它应该接受质疑，它与现实情况的相关性需要仔细检查。

正如有人盲目而不加鉴别地退守传统和先例，也有人盲目而不加鉴别地蔑视传统和先例。"我们已经这样做得太久了，是时候改变一下。"这就是*为改变而改变*的论证方式。改变并不意味着改善。新的也未必就更好。

这种盲目诉诸或蔑视传统和先例是一种过度简单化，反映了一种肤浅、低劣的思考方式。

最后，人们可以假装回答问题，其实是通过或公开或暗示地**对问题重新措辞**，然后回答重新措辞后的问题。

问题：是否应该把女生足球运动列为学校的校际体育项目的一部分？

霍尔先生：只有六个女生表达出对踢球感兴趣。其实，萨拉体质太弱不适合踢球。路易丝有兼职工作，没有时间踢球。埃德娜是英式足球的好手——她会继续踢英式足球。卡洛琳看起来不是那么有兴趣，我觉得她只是跟风而已……

评论：霍尔先生没有回答问题。问题蕴含的是原则和策略。霍尔则在此避开了问题，把问题重新措辞成其他含义："允许这些对踢球感兴趣的姑娘踢球可不可行？"

艾弗丝夫人：哦，我们没有给女孩准备的足球设备。

评论：同样地，这个回答与主题无关。学校必须首先决定是否在思想上坚持女生足球运动的理念，然后才能考虑和设备相关的问题。

杰克斯先生：我不知道有什么可小题大做的。只有六个女生感兴趣，我们显然可以把她们安抚下来。

评论：的确，但这不是问题的关键。问题不在于这六个女生，尽管可能是她们挑起了事端。我们讨论的是原则问题，这个决定对学校的体育项目具有长远影响。

卡恩夫人：我不知道为什么开始不设立一个越野项目。越野赛跑是非常精彩的运动项目。它成本低、安全，而且能让人得到很好的锻炼。

　　评论：卡恩夫人的评论与主题无关。越野赛跑是另外一个问题。此外，难道有人说过，如果学校批准足球进入女子体育项目，就不会批准越野赛跑项目了吗？有人说过这是一个二者择其一的选择吗？

　　问题：联邦政府是否应该拨款支援芝加哥市，以免芝加哥市破产？

帕里先生： 当然，如果我们帮助他们脱离困境，我们会获得伊利诺伊州选民的大量好感。从另一个角度来看，我们会失去印第安纳州的选票，因为我们取消了印第安纳大学的科研经费，印第安纳州人一定会认为我们不公平。换个角度看，如果芝加哥破产……

　　评论：帕里先生通过列举支持与反对意见来回避问题，他并没有表明自己的态度。

昆特夫人： 联邦政府不应该直接处理城市的问题。在我看来，好像那是州政府该干的事情……此外，他们总是谴责政府侵犯州的权利。

　　评论：昆特夫人使用了与前面例子中霍尔先生相反的策略。她用普遍性来回答具体问题。她的回答隐含了意外谬误。她没有直接说："不，我们不应该。"相反，她把问题扭曲为："联邦政府拨款给城市应该成为一种政策吗?"

> **罗尔夫先生:** 让我这样来回答,芝加哥市陷入这种局面是由
> 于粗心大意和管理不善,没有任何迹象表明类
> 似的事情不会再发生。

评论:同样地,又是逃避问题。他没有回答问题,相反,他把问题改述为:"为什么会发生,还会不会发生?"

> **桑德斯夫人:** 让我这么说吧,如果我们不帮助芝加哥脱离困
> 境,会发生什么?

评论:这是一个修辞上的反问句吗?还是把愚昧无知当作深刻来炫耀,或者仅仅是一个相对的问题?

直言不讳、直接回应并牢牢扣住主题并不困难,但它确实要求我们知道自己在说什么,要求我们对问题进行思考而不是拍脑袋下结论,要求我们不害怕表明立场并坚持自己,要求我们远离摇摆不定和所讨论主题下的偏见,要求我们倾听其他人的说法,要求我们像尊重问题的字面意思一样尊重它隐含的意义。

第 14 章

深入剖析辩论

对某个问题或某种技能融会贯通而不伤害其他人，

甚至无须压倒对方，这是有可能的。

——艾略特·阿伦森（Elliot Aronson），《社会性动物》，

第 5 章（*The Social Animal*, V）

如果认为辩论总是发生在真诚质疑的精神之下，那么未免有些天真。有些人，甚至许多人，确实是这样想的。然而还有很多其他动机引发人们去辩论。所以，当你处于辩论之中，首先就要问自己："为什么我要辩论？"然后你应该试图确认对手的动机。

以下是人们辩论的某些理由：

（1）获取关注。

（2）炫耀卖弄或者令人刮目相看。

（3）补偿缺点或挫折。

（4）确保自己比其他人更胜一筹。

（5）试图将意志和想法强加给别人。

（6）宣泄挫败感、压力或敌意。

以上六个理由绝非独立存在，且并不全面，完全是个人总结出的理由。基于以上任何动机而进行辩论的人，可能不是为了探索真相，可能不是对选择合理行为感兴趣，可能不是真正地热衷于通过辩论锁定问题的答案。相反，重要的是辩论的实际过程，而不是结果。此种类型的辩论常常漫不经心，随时可以岔开话题，充满各种与主题无关的事物，并且经常伴有过度的情感，通常包含大量的夸张、过度反应和混淆，前述章节里引用的 12 种干扰因素频繁出现。但是，如此非专业的技巧是可以预料的，毕竟，此种辩论不是真正的辩论。辩论的结果无所谓，参与者的个人品质才是利害攸关。这样的辩论极少出现和谐的结论或解决方案，通常只是戛然而止。这种辩论是一种游戏，有时候还是具有攻击性的游戏。

我希望这种辩论如何结束？

- 我想激怒对手吗？
- 怒气冲冲之下他会跑出房间吗？

- 我是不是真的希望大闹一场？
- 我是不是想让对手勃然大怒或者揍我一拳？
- 我是不是只想戏弄他？
- 使他难堪？
- 使他摆脱沾沾自喜？
- 使他局促不安？
- 我是不是只想证明自己的某种优越感？
- 我是不是想通过我的才智、博学、机灵、顽皮、粗鲁或厚颜无耻引起对方的注意（或者引起见证辩论过程的其他人注意）？
- 我是不是只是心情不好，把辩论作为发泄情绪的一种方式？
- 我是不是今天被人非难了，所以想非难别人？

换句话说，我真正关心的是辩论的主题吗？

当你处于辩论之中时，这些问题就非常值得考虑。它们可以总结为：我希望辩论如何结束？我想从辩论中得到什么结果？

许多辩论仅仅是学术上的：无论辩论的结果如何，都对辩论的主题没有影响。比如人们讨论国会是否应该批准总统提出的反通货膨胀立法，或者政府是否应该支持某个其他国家的行动，都会一无所获。即便辩论出了最终解决方案，也不会影响国会或政府。

但真正的辩论又当如何，这种辩论具有实质性结果，辩论的双方对于化解争端真的感兴趣，对于锁定和谐的结论真的感兴趣，对于解决问题真的感兴趣，也就是说，这种辩论的主要关注点在于结果以及由结果导致的影响，而不是参与者的个人品质，可以说前面引证过的情绪干扰都被避开了。参与辩论的各方如何以富有建设性与创造性的方式取得进展呢？首先，让我们看一下典型辩论的结构：

我是 A 方，你是 B 方。我们要做的第一件事情就是澄清辩论的属性：我们到底在辩论什么？我们之间分歧的特殊性在哪里？我们在寻求何种解决方案？

第二步要决定我们的共同基础：我们意见一致的程度如何。图中的阴影区域 Y 代表了共同基础。几乎所有的分歧中都有双方均同意的某些观点。在开始辩论分歧之前，我们应该尽可能具体而彻底地确认双方一致的观点。

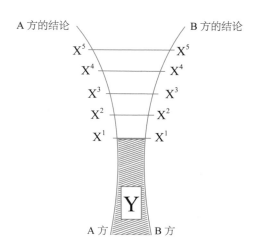

第三步是确认第一条有分歧的准确论点：双方的一致之处在哪里终结？从哪个准确位置*开始*产生分歧？这就是图中的 X^1。这可能是我们辩论过程当中最困难的一步，但它非常重要，因为它指出了第一个分歧的源头。

在继续辩论时，我们应该单独地、逐个地确认并解决每一种分歧的特定源头。除非我们已经解决了 X^1，否则不能讨论 X^2。最重要的是，除非我们已经确认、辩论并解决了所有通往结论的每一步，否则我们不能对结论进行辩论。

辩论的目标是尽可能地消除 A 方结论与 B 方结论之间的差距。这种差距可以通过妥协来弥合，双方各处都留有余地。它可以通过交流来弥合，一方被另一方的观点所说服；甚至完成交流后，双方能达到互相让步。当然，有时候双方都不留余地，双方结论之间的差距无法弥合；然后陷入僵局，双方固执己见，可能最终毫无结果。

讨论常常由于人们不知所云而失败。人们可能各自谈论着不同的问题，或者以不同的动机来进行反应。某一方所做出的假设，也许是另一方没有的或者没有辨认出来的。某一方可能没有足够清晰地表达自己。参与方或许混淆了，需要解决的精准问题可能变得模糊了。他们可能没有明确地表达真正的动机。比如，一个对反对饮酒态度持批评意见的人，可能没有认识到他的真实动机是出自个人的，甚至可能是自私的：他热衷于饮酒，潜意识中把任何对饮酒的批评看作对他个人行为的威胁。真实的原因，也就是真正的底线，不是饮酒的原则问题，而是他的个人行为,他必须捍卫自己,其他人都无所谓。

为了避免误解,辩论者应澄清以下问题的答案:

A)需要解决的准确问题是什么?

B)我们到底在讨论什么?

C)我们寻求什么样的解决方案(我们各方如何才能满意)?

D)事实是什么?

E)我们在何种程度上保持一致?

- 我们是否同意这些事实?全部同意吗?同意至何种程度?
- 我们是否同意对事实的理解?
- 我们是否同意对事实的态度?

F)我们的分歧处于何种程度?

- 我们不同意哪些事实?
- 我们的分歧是基于各自独立的见解吗?
- 我们是否将事实与见解、思索或推测混淆了?

如果我们真正追求和谐的结论或解决方案,那么还要记住以下几点:

G)试图维持各方之间的平衡。每一个辩论方都应该一直感到平等。所以，拥有有力论据的人可能发现有必要发挥圆滑与老练，并且不能炫耀自身的强势立场，因为他如果显得过于傲慢或自以为是，就有可能引发对手的憎恨。

H）试着给别人留一条出路，试着让胜利显得温和而不显眼。同样地，不要让对方失去颜面。

I）保证不用评判性来混淆描述性。如果你发出的描述性言论有可能被认为是评判性的，那么应表明自己不打算隐含任何评判性。而当你的对手发出类似的言论时，询问他的语调是评判性的还是仅仅是描述性的。

J）保证语言的清晰。当使用含糊或者抽象的词语时，确保它的意义清楚而确定。使用的语言越具体越好。

K）不要寻求辩论。有些人，尤其是当他们对某个问题的结果拥有既得利益时，他们会使用所能想到的任何辩论方式来支持自己的观点。他们夸大其词，过度简单化，运用错误的类比，或者依赖于错误的先例，并未认识到拙劣的辩论有时候还不如不辩论。当运用拙劣的类比时，中立的人可能变得疏远，而原来反对的人只会变得更加反对。只有已经同意其观点的人会支持似是而非的辩论，而向这些人呼吁根本一无所获。

L）适可而止。让愤怒的人更加愤怒对辩论没有任何帮助。同样地，要认识到讨论何时变得激烈，并努力使其趋于平和。同时也要判断你的对手是否在倾听你。如果他根本没有在听，如果他不打算理性回应，那么继续讨论也是徒劳无功。

M）有个关键词是**明晰**。比如，使推理过程明晰化。明确地提问："你是不是想表达 / 暗示 / 影射……" 使用以下方针：

- "很好。我明白你的立场。你想要……如果你想让我接受你的立场，你需要做这些事情。你愿意这么做吗？"
- "很好。你知道我的立场是：也就是……如果要让你接受我的立场，我需要做些什么？"
- "很好。我们都理解彼此的立场。你觉得这个问题有什么公平的解决方案吗？"
- "你觉得我的立场有什么可取的地方吗？如果你是我，你会怎么解决这个问题？"

有效的辩论需要技巧、耐心、老练、圆滑、得体、敏感；它要求我们撇开个人品质，并针对问题本身；它要求我们系统、客观、善于分析，尤其是要明晰。它要求我们不要做出假设或推论，除非我们能够阐明这些假设或推论。而且，它格外强调我们不能从结论开始，而要从导向结论的各个步骤开始。[⊖]

⊖ 对于非常精妙而彻底地处理辩论的性质和过程，我强烈推荐 *Argument: An Alternative to Violence* by Abne M. Eisenberg and Joseph A. Ilardo, published (1972) by Prentice-Hall, Inc., Englewood Cliffs, New Jersey.

第15章

CHAPTER 15

深入剖析语义学

"他失败的根源隐约是由于他推测这位部长是个笨蛋，

因为这位部长已经有了诗人的名气。

凡是笨蛋都是诗人——这位警察局长觉得就是这样；

他只不过犯了……错误，

而因此推断出，凡是诗人都是笨蛋。"

——埃德加·爱伦·坡（Edgar Allen Poe），

《失窃的信》（*The Purloined Letter*）

之前针对语义学、演绎和推理中的某些特定问题而展开的讨论，现在可以继续了。

我们已经看到，个别词语会有歧义，因为说话人没有指明他使用的是哪一种可能的含义。这被称为语义歧义或者词义歧义。He caught a crab（他抓了一只螃蟹，或他划失了一桨）。crab 可以指某甲壳类动物，也可以指划船过程中失了一桨（指桨划得过深或划空）。一则巧妙的阿司匹林广告运用了有歧义的动词 catch："感冒一旦出现苗头，请使用阿司匹林。在你感冒之前扼住它（Catch that cold before you catch cold）。"She follows stars（她追随明星）至少有三种不同意思：①她对名人的来去行踪非常感兴趣。②她伴随着名人的来来去去而出现。比如她是追踪名人报道的记者。③她对天文学感兴趣。A radical solution（极端的解决方式）可以是触及问题根本的那种解决方式，或者是偏激而大胆的解决方式。

一个词语由于在句子中所处位置的不同而产生歧义，它的句法，也即与句中其他词语的关系不明确，这就是句法歧义或模棱两可。

The problem with Mr. Tarn is that he can't make decisions quickly enough on problems he doesn't understand.

塔恩先生的问题在于，不能对他不理解的问题非常迅速地做决定。

我们倒确实希望塔恩先生不要对他不理解的问题做决定。这种含糊不清的语句结构可以澄清为：

The problem with Mr. Tarn is that there are too many problems he doesn't understand; consequently, he can't make decisions quickly enough.

塔恩先生的问题在于他有太多无法理解的问题，所以他不能非常迅速地做决定。

烟管是一根喷出烟雾的管子还是用于抽烟的管子呢？ A lightweight crew coach［无足轻重（轻量级）的赛队教练］是指没什么重要作用的赛队教练还是指轻量级赛队的教练呢？ A wild game warden［狂野的狩猎执法人员（野外狩猎执法人员）］是指狩猎执法人员很疯狂还是指管理野外狩猎的执法人员呢？

我们已经见识过 because（因为）和 so［所以（如此以便于）］这种词语都有歧义。Since［因为（自从）］和 as［当……时（因为）］也能产生类似的问题，尤其是当它们用于措辞不当的语句中时。

> Since the police have been given greater authority, crime has decreased.
> 因为（自从）警察被授予更大的权力，犯罪活动已减少了。

Since 可以指 because（因为）也可以指 ever since（自从）；它可以表达随意或者仅仅为临时的关系。

> As I finished mowing the lawn, I had a beer.
> 在我修剪草坪的时候，我喝了点啤酒。
> 因为我修剪完草坪，所以我喝了点啤酒。

句中的 as 可以指 while（在……时候），也可以指 because（因为）。然而在两种情况下，句子的语法都不准确。

连接词会造成问题。以 and（和）为例。它可以表达增加或者对等的含义。"这一个章节与混淆和推理有关"（This will be a chapter about confusion and inference）可以表示"这一章节与混淆有关，同样也与推理有关。"然而这个句子也可以暗示混淆和推理之间的联系。换而言之，**混淆和推理**这句短语可以表示两个独立的现象，也可以表示一个联合的现象。"昨晚萨拉和米兰达收到一个奖赏"（Sarah and Miranda received an award last night）可以表示两个女孩分享一个奖赏，也可以表示两个女孩各自收到一个独立的奖赏。如果有人这样使用 and（和），即不表达清楚它是包含对等的含义还是仅仅只有增加的含义，就有可能产生混淆。

And（和 / 并且）一词还有其他的问题。看这个句子："我在假期里去了南方并且拜访了诺拉婶婶。"（I went down South during my vacation to visit my Aunt Nora）这个句子可能仅仅是表述两件无关的事情，但有人会用 and（并且）这一词来指明意义："我在假期里去南方是为了拜访诺拉婶婶。"有时候 and（和 / 并且 / 而且）一词承担了一种临时和随意的关系。"塔尔先生患病而且死了"（Mr. Tull got sick and then died）可以表示"塔尔先生患病，然后死了""塔尔先生患病，所以死了""塔尔先生死于疾病"。

有时候 and（和 / 并且 / 而且）表示 both ... and（既……又……）。以下例子很好地展示了这种用法：

Only Brut gives you effective and long-lasting protection plus the great smell of Brut.

只有 Brut 能带给你有效和持久的保护以及 Brut 香槟的异香。

这句话真正表述的意思是：只有 Brut 既带给你有效、持久的保护又带给你 Brut 香槟的异香。"（Only Brut gives you both effective, long-lasting protection and the great smell of Brut）为了使命题为真，用 and（和）连接的两个命题都必须为真。因此，不能说："只有 Brut 能带给你有效而持久的保护。"Brut 并非唯一能带来有效而持久保护的除臭剂，但 Brut 确实是唯一包含持久保护、有效保护和 Brut 香槟香味的除臭剂。

And（和）有时候还有 or（或者）的含义，情况变得更加复杂：

以下案例来自《时代》《生活》和《新闻周刊》。

每个案例不可能来自全部的三种杂志。每个案例要么来自《时代》，要么来自《生活》，要么来自《新闻周刊》。这个句子真正的意思是，"一些案例来自《时代》，一些案例来自《生活》，还有一些案例来自《新闻周刊》。"

Both（两者都）这个词语有歧义。当我说"我自行车的两个刹车不起作用"（Both handbrakes on my bicycle don't work）我可以表示"其中一个刹车不起作用"［也即是"**两**

者并不都起作用，只有一个起作用"（Both don't work, just one works）］也可以表示"两个刹车都不起作用"。（Neither handbrake works）由于这种潜在的歧义，最好避免使用 both ... not（两者并不都）模式，改用 one ... not（其一……不是）或者 neither（两者都不……）。

同样类型的歧义出现在 all ... not（并非所有都……）模式。

（1）All Cadillacs are not made by American Motors.

所有的凯迪拉克汽车都不是由美国汽车公司生产的。

（2）All Cadillacs are not made in Detroit.

所有的凯迪拉克汽车并非都是在底特律生产的。

只要人们知道凯迪拉克汽车是由通用汽车公司生产的，而且通用汽车公司与美国汽车公司完全独立，那么第一句话的意思就很清楚：凯迪拉克汽车不是由美国汽车公司生产。但是看看第二句话。它的意思是"凯迪拉克汽车不在底特律生产"，还是"有些凯迪拉克汽车不在底特律生产，只有一部分是"，换句话说，"所有的凯迪拉克汽车并非都在底特律生产，只有一部分是"。同样地，最好能避开这种 all ... not（并非所有都……）模式，改用 no（全不是）或者 some ... not（有些不是）。

事实上，否定的问题如此重要，以至于之前提过的一点值得重提，"我不同意你"这种表述未必意味着"我反对你"，它仅仅意味着我不支持你即将采取的行动。当我说"我不喜欢小牛肉"，我未必是表示"我讨厌小牛肉"，我仅仅是表达对它的冷淡态度。当我说"我不相信你"，我未必是表示"我怀疑你"。非 –X 的表达未必意味着 X 的对立面，它仅仅意味着缺少 X 的属性。"水不热"未必表示水很冷，水温也许是 70°，不冷也不热。

Or（或者）一词很微妙，它可以有两种不同的功能，它可以是**包含性**的，见以下句子：

> 我在非常热或者非常冷的天气里都不舒服。

在这个表述中，or（或者）实际上等同于 and（和 / 并且）：

> 我在非常热的天气里不舒服，并且我在非常冷的天气里也不舒服。
>
> 我在非常热和非常冷的天气里都不舒服。

另一方面，or（或者）具有排他性。

> 钥匙要么在厨房里，要么在卧室里。

在这个表述中，钥匙可能在厨房里，也可能在卧室里，但不能既在厨房里又在卧室里。

当有人使用 or（或者）时，若没有表明该词语是包含性用法还是排他性用法，混淆就会发生。

当有人根据其他选择的正确性而推断该选择的错误性时，也即是当 or（或者）本打算表示包含性的意义，却有人认为它应该表示排他性意义的时候，谬误就会发生。

Laura will pass her exams or she will leave law school.

劳拉将要通过她的考试，否则就要离开法学院。

因为她离开了法学院，所以她没有通过考试，这种推理是不正确的。可能还有其他原因要求她离开法学院。因为她通过了考试，所以她不会离开法学院，这种推理也是错误的。反过来说，以下推理是有效的：如果她没有通过考试，她就会离开法学院，而如果她没有离开法学院，她就通过了考试。

因此，以下说法是无效的：如果一个选择是正确的，其他选择就是不正确的。但是以下说法却是有效的：如果一个选择不正确，其他选择就是正确的。下面列出了从包含 or（或者）的命题中演绎出来的有效和无效推论。X 和 Y 是两种替代选择。

有效	无效
要么 X 情况属实，要么 Y 情况属实 X 情况不属实 因此，Y 情况属实	要么 X 情况属实，要么 Y 情况属实 X 情况属实 因此，Y 情况不属实
要么 X 情况属实，要么 Y 情况属实 Y 情况不属实 因此，X 情况属实	要么 X 情况属实，要么 Y 情况属实 Y 情况属实 因此，X 情况不属实

当然，情况属实可以理解为真命题：X 情况属实和 X 是真命题是一样的。

应当特别谨慎对待 if（如果）一词。许多人认为 if（如果）表示 if and only if（当且仅当）。并非如此。If and only if（当且仅当）指定并限制了可能性；If（如果）则没有指定任何事情，它仅仅是引出一种条件。以下两个命题是不同的：

I will stay home if it rains.

如果下雨我就待在家里。

I will stay home only if it rains.

当且仅当下雨时我才待在家里。

第二个命题表明只有一件事情可以让我待在家里：下雨。另一个方面，第一个命题仅仅是说下雨会让我待在家里；其他事情也可能让我待在家里。从第一个命题中做出如下推论是错误的：如果我在家，那就是下雨了；如果不下雨，我就不会待在家里；如果现在没有下雨，我就不在家。

让我们更仔细地研究 if（如果）这个词语。我们能有效地做出什么推论，我们的推论会误入什么歧途？我们从一个简单的例子开始：

如果埃德娜婶婶看望我们，她就会受到款待。

首先，我们可以说，如果她没有受到款待，那她就没有看望我们。但是，我们不能说，如果她受到了款待，那她就看望了我们。她可能受到了其他主人的款待。我们也不能说，如果她不在这里，她就不会受到款待。同样地，她出现在这里并不是她受到款待的排他性条件。

当我们认定一个命题的逆命题也为真时，我们就陷入了谬误。如果 X 为真，那么 Y 也为真（If X is true，then Y is true）的逆命题是如果 Y 为真，那么 X 也为真（If Y is true，then X is true）。逆命题并不总是为真：

　　如果你吃下毒药，那么你就会死。　　　　——命题

　　如果你死了，那么是因为你吃过毒药。　　——逆命题

　　条件中的 if（如果）部分被称为前项（前提），then（那么）部分被称为后项（推论）。刚刚描述的谬误还有一个名称为肯定后项谬误。当你说因为后项为真，所以前项必须为真，这就是肯定后项。

　　当我们认定一个命题的否命题为真时，我们就陷入了另一个谬误。上述例子的否命题是："如果埃德娜婶婶没有看望我们，那她就不会受到款待。"如果 X 为真，那么 Y 也为真（If X is true，then Y is true）的否命题是如果 X 不为真，那么 Y 也不为真（If X is untrue，then Y is untrue）。否命题并不总是为真：

　　如果你吃下毒药，那么你就会死。　　　　——命题

　　如果你不吃毒药，那么你就不会死。　　——否命题

　　这种谬误的另一个名称为否定前项谬误。当你说因为前项不为真，所以后项也不为真，这就是否定前项。

　　下面列举了某些可以从 if ... then（如果……那么）命题中演绎出来有效推论。同样地，情况属实可以表示真命题。因

此，如果 X 情况属实，那么 Y 情况不属实可以理解为如果 X
为真，那么 Y 不为真。

有效	无效
如果 X 情况属实，那么 Y 情况属实 X 情况属实 所以，Y 情况属实	如果 X 情况属实，那么 Y 情况属实 Y 情况属实 所以，X 情况属实
如果 X 情况属实，那么 Y 情况属实 Y 情况不属实 所以，X 情况不属实	如果 X 情况属实，那么 Y 情况不属实 Y 情况不属实 所以，X 情况属实
如果 X 情况不属实，那么 Y 情况属实 X 情况不属实 所以，Y 情况属实	如果 X 情况属实，那么 Y 情况属实 X 情况不属实 所以，Y 情况不属实
如果 X 情况属实，那么 Y 情况不属实 Y 情况属实 所以，X 情况不属实	
如果 X 情况不属实，那么 Y 情况不属实 X 情况不属实 所以，Y 情况不属实	

　　前两种无效形式属于肯定后项，或者认定逆命题为真。后
一种无效形式属于否定前项，或者认定否命题为真。

　　还有最后一个 if ... then（如果……就）命题的变式值得一
提：链条件，有时候称为系列条件或假设条件：

　　　　如果天气很好，我明天就出门。

　　　　如果我明天出门，我就去看望姐姐。

　　　　如果我看望姐姐，我就会在密尔沃基过夜。

如果我在密尔沃基过夜，我就不会在芝加哥停留。

因此，如果天气很好，我就不会在芝加哥停留。

这种论证方式的模式为：

如果 A 属实，那么 B 属实。

如果 B 属实，那么 C 属实。

如果 C 属实，那么 D 属实。

如果 D 属实，那么 E 属实。

在这种模式之下，以下都是合理的推论：

如果 A 属实，那么 C 属实。

如果 A 属实，那么 D 也属实。

如果 A 属实，那么 E 也属实。

如此等等，但是链条件很容易被滥用：

如果你爱你的国家，你就会投票。

如果你对政府有兴趣，你就会投票。

因此，如果你爱你的国家，你就对政府有兴趣。

这种荒谬的论证模式为：

如果 A 属实，那么 B 属实。

如果 C 属实，那么 B 属实。

因此，如果 A 属实，那么 C 属实。

很明显，人可以爱自己的国家却对政府不感兴趣。此处还有另一种谬误：

如果你想要健全的政府机构，你就要参加市议会会议。

如果你想要健全的政府机构，你就要支持自由党。

如果你参加市议会会议，你就要支持自由党。

这种论证可能听起来很有吸引力，但却不是有效的。记住，为使论证有效，每一个词项都必须能够代入公式。该公式如下：

如果 A 属实，那么 B 属实。

如果 A 属实，那么 C 属实。

因此，如果 B 属实，那么 C 属实。

当代入一套不同的词项时，这种论证的无效性就暴露无遗：

如果你在芝加哥，你就在美国的北部地区。

如果你在芝加哥，你就在伊利诺伊州。

因此，如果你在美国的北部地区，你就在伊利诺伊州。

你可以在美国的北部地区而不在伊利诺伊州。你可能在西雅图或者班戈。

允许从两个真命题中得出一个非真结论的论证，就是无效的论证方式。

　　本章将以额外两个语义学问题结束 —— 冠词 the（这 /
那）和动词 to be（是）。The 是定冠词。"加利福尼亚州的市
民渴望税收改革。"（The citizens of California are eager for
tax reform）然而，此问题出现在定冠词宽泛地用作不定冠词
时，正如它经常发生的情况一样。刚刚引用的句子真正的意
思是"某些加利福尼亚市民渴望税收改革"，或者"许多市
民……"，甚至可能是"大多数市民……"听到有人不准确地
将包含性意义赋予 the，这很令人恼火。当一位代表说"我选
区的人们不会支持这个提议"（The people in my district will
not support this proposal），他真正的含义是"我选区的某些
人 / 许多人……"甚至更准确地说是"与我交谈过的某些人 /
许多人……""人们"和"与我交谈过的某些人 / 许多人"之间
可能有重大区别。

　　我把动词 to be（是）的讨论留在最后，是因为我觉得它
可能是本章提及的语义学问题中危害最小的。该动词可以有至
少四种不同的功能。它可以表示同一性：X=X。taxicab（出
租车）和 taxi（出租车）是同一种东西，唯一的不同就是名称。
我们可以互换这两个词语而不影响其含义。这个动词也可以表
示等值、相等或一致：X ≈ X。假设我们有两根同样长度和宽
度的不同线条，或者两块精确复制的拼图板。当我们说这两
根线条或者两块拼图板相等时，我们并不是说它们是同一根线
条或者同一块拼图板。我们的意思是它们是彼此在大小和形

状上的复制品。to be（是）的第三个功能是表示同一类别的成员：$X \approx Y$。"砒霜是毒药"意味着"砒霜是一种毒药"，或者"砒霜是*毒药*类别的一个成员"。我们不能互换命题中的两个词语——*砒霜*和*毒药*。最后，这个动词可以表示交集：$X \cap Y$。在此功能中，该动词表示"至少具有一种特性"。"拉里是个卑鄙小人"表示"拉里至少具有卑鄙小人的一种特性"。换而言之，拉里具有的特性和卑鄙小人具有的特性至少在一点上相交或者重叠。

　　本章提到的某些语义学问题是显而易见的，另外一些则更加微妙。即使是最严谨的表述者也不能完全避免它们。或许，如果我们对这些陷阱保持警惕，就能够更谨慎地表达我们的意思。

$$\boxed{\begin{array}{c}\text{第 16 章}\\ \text{CHAPTER 16}\end{array}}$$

深入剖析三段论

"告诉我你犯了些什么样的错误吧。"

"我简直感到难为情,"西丝吞吞吐吐地说,"比如说今天吧,麦契克姆奇尔德先生向我们解释什么叫……国家的繁荣。他说,现在,这间教室就是一个国家,这个国家有 5000 万英镑。这是个繁荣的国家吗? 20 号女生,请问这是不是个繁荣的国家,你是不是生活在一个繁荣昌盛的国度里?"

"你如何回答呢?"露易莎问。

"露易莎小姐,我说我不知道。我想,我不可能知道这是不是一个繁荣的国家,我是否生活在一个繁荣昌盛的国度里,除非我知道谁得到了那些钱,其中有多少是属于我的。但这与那个问题又毫无关系。这根本不是凭数字就可以计算的。"西丝说,一边擦了擦眼睛。

"那就是你的一个大错误了。"露易莎评论说。

"是的,露易莎小姐,我现在知道这是一个大错误。然后麦契克姆奇尔德先生说他要再考考我。他说,这间教室就是一个大都市,住了 100 万居民,一年之中,只有 25 个人饿死在街上。你觉得这个比例怎么样? 我的看法是(我想不出更好的看法,对于那些饿死的人来说,我觉得情况照样很糟糕,不管别人总共有 100 万还是 1 个亿。这个回答又错了。"

——狄更斯,《艰难时世》第一篇,第 9 章 (*Hard Times*, I, IX)

我们已经熟知论证的概念。截至目前已经讨论过的要点有：

（1）论证由一系列的命题或前提组成，结论从其中衍生而出。

（2）如果结论无可辩驳地来自前提条件，论证就是**有效的**。如果结论并非无可辩驳地来自前提条件，论证就是**无效的**。

（3）即使一个或多个前提不真实，论证仍然可能有效。真实性和有效性是两个独立事件，各自具有同等的重要性。有效性只适用于逻辑或推理过程，不适用于命题的真实性。

（4）有些论证是*省略式推理*，即不完整的：省略了一个或多个前提。有时候这些省略的前提显而易见；有时候它们不明显，此处易于导致混淆和误解。

在逻辑学上，推理过程的核心在于三段论法。三段论法是由两个前提和一个结论构成的一种论证方式。当有人谈论三段论法时，必须同时考虑它们的形式和命题。比如：

> 所有狗都是比格犬。
>
> 巴龙是狗。
>
> 因此，巴龙是比格犬。

虽然第一个命题不真实，但这是一个完美有效的三段论。假如第一个命题是真实的，那么结论也必须是真实的。换个角度看，下面的三段论是无效的，即使前提条件都是真实的。如果它允许在真实的前提下得出不真实或错误的结论，那么三段论的*形式*可能有问题。

> 有些狗是比格犬。
>
> 巴龙是狗。
>
> 因此，巴龙是比格犬。

因此，当有人评价一个三段论时，必须回答两个问题：①两个命题都是真实的吗？②该三段论有效吗，即它是正确地建立起来的吗？这一章会论及一些标准，根据此标准可以区分有效的三段论和错误的（无效的）三段论。

一个正式的三段论包含且仅包含三个词项（term）。小项（minor term）是结论的主语，而且它在两个前提之一中出现一次；中项（middle term）在两个前提中均出现，但不出现在结论中；大项（major term）是结论的述语，而且它在两个前提之一中出现一次。

词项可以在三个句子之一中以单数形式出现，也可以在其他句子中以复数形式出现。*一条狗*、*有些狗*、*很多狗*、*所有狗*、*没有狗*全都是表达同一词项的不同方式。

因而在以下三段论中，大项是*犬科动物*，因为它作为结论的述语出现；小项是*动物*，因为它作为结论的主语出现；中项是*狗*，因为它在两个前提中均出现，但不出现在结论中。

> 所有狗都是犬科动物。

这个动物是狗。

所以，这个动物是犬科动物。

三段论的每一项都有一个量词：即表示所有（all）或者有些（some）或者没有（no）的词语。有时候这种词语并未表述出来。比如，狗不是爬行动物，这个前提条件真正的意思是没有狗是爬行动物或者所有狗都不是爬行动物。所有和没有被称为全称（universal）量词，因为它们描述了该词项所代表类别的每一个成员。带有所有或没有的词项被称为周延项（distributed term）。专有名词或其同义词，即使没有用量词所有进行表述，同样被视为全称的或周延的。因此，哈里彬彬有礼这个命题中哈里被视为周延的或全称的，因为我们讨论的只有一个人。这个动物是一条狗，此命题中这个动物被视为全称的或周延的，因为我们只涉及一个动物，一个可以轻易换成专有名称的特定动物。

有些（some）是特称（particular）量词（或存在量词），因为它只描述了该项所代表类别的一部分［注意特称（particular）并不是表示特定（specific）］。有些仅表示一个或多个，或至少一个。全称项／周延项是特定的，而带有些的词项不是特定的。

带有些的词项通常被称为不周延项（undistributed term）。有时候有些一词被省略。比如这个句子：所有蛇都是爬行动物，并不是指整个爬行动物种族，它仅仅描述了属于蛇类的爬行动物，即由蛇类所占据的一部分爬行动物种族。**山姆是一条狗**这个命题中，**一条狗**不是指狗的全类，它仅仅描述了狗类中由山姆所占据的那一部分。因此，在这两个例子中，**爬行动物**和**一条狗**都是特称项或者不周延项。

我们可以从有效性的两个简单标准开始继续探讨三段论。首先，如果两个前提条件之一是以**有些**开始的，那么结论必须也以**有些**开始。其次，如果两个前提条件之一有否定，那么结论必须也有否定。

所有狗都是犬科动物 泰比和丹尼尔不是狗 因此……	所有狗都是犬科动物 有些狗是温和的 因此……

左侧三段论的结论必须以否定来表达："因此，泰比和丹尼尔不是犬科动物。"右侧三段论的结论必须以**有些**开始："有些犬科动物是温和的。"在以下三段论中，结论必须结合**有些**与否定：有些……不是……："因此，有些温和的事物（动物、生物）不是爬行动物。"

> 有些狗是温和的。
>
> 没有狗是爬行动物。

接下来的两个标准同样简单：两个以**有些**开头的前提条件无法推出任何结论，两个否定的前提条件无法推出任何结论。

> 有些女孩有吸引力。

有些女孩很高。

在这两个前提条件下，什么结论也得不出。

没有猫是犬科动物。

没有爬行动物是猫。

也许会忍不住下此结论："因此，没有爬行动物是犬科动物。"该命题是真实的，但不是一个有效的推论。记住，为了使一个三段论的形式有效，所有代入其中的词项都必须有效。仔细检查以下微小的替换：

没有猫是犬科动物。

没有狗是猫。

因此，没有狗是犬科动物。

任何一个三段论，若其前提条件为真，却允许出现**没有狗是犬科动物**这样的结论，一定是个无用的三段论。它显然是一个无效的三段论。

两个前提条件均为肯定（即没有否定）的三段论中，大项表示一个类别，中项表示一个子类，小项表示子类的子类，或该子类中的一个特定项。比如：

所有猫是猫科动物。

丹尼尔是猫。

因此，丹尼尔是猫科动物。

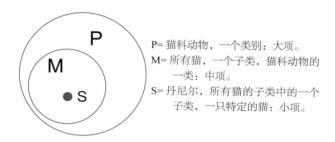

P= 猫科动物，一个类别：大项。
M= 所有猫，一个子类，猫科动物的
一类：中项。
S= 丹尼尔，所有猫的子类中的一个
子类，一只特定的猫：小项。

我们已经看到，当肯定命题的中项不是真实的中项时，会发生什么：

狗是一种犬科动物。

狼是一种犬科动物。

因此，狼是狗。

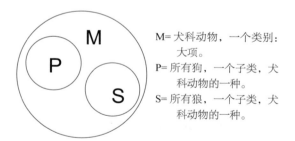

M= 犬科动物，一个类别：
大项。
P= 所有狗，一个子类，犬
科动物的一种。
S= 所有狼，一个子类，犬
科动物的一种。

这种谬误发生在人们仅仅因为两种事物有某些共同特性或者仅仅因为它们属于同一类，就认为两种不同的事物是等价物。这种谬误的危险之处在于它有时候难以察觉：

无政府主义者是对政府不满意的人。

哈里是对政府不满意的人。

因此，哈里是无政府主义者。

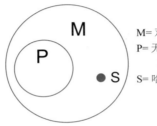

M= 对政府不满意的人，一个类别。
P= 无政府主义者，一个子类，对政府不满意的一类人。
S= 哈里，对政府不满意的一个特定的人。

然而这种三段论看上去是有效的。毕竟，我们有一个类别、一个子类，还有一个特定项。谬误在于前提条件并未表明特定项（哈里）是子类（无政府主义者）的一个成员。因此，没有真实的中项。当我们用人类来替换大项时，谬误就变得更加明晰：

无政府主义者是人类。

哈里是人类。

因此，哈里是无政府主义者。

哈里和无政府主义者具有某些共同特性（他们都是人类，他们都对政府不满意）并不表示我们可以同等对待他们甚至等同视之。

此外，这三个三段论无效还有另一个原因：大项（犬科动物、对政府不满意的人、人类）必须作为结论的述语出现。在上述三段论中，并非如此。

上述的三个三段论无效还有另一个原因。为使三段论有效，中项必须至少周延一次。记住，中项出现在两个前提的每一个中，但不出现在结论中。还要记住，词项的周延是指其所表示的类中的每一个成员都被涉及。

在第一个三段论中，中项**一种犬科动物**不涉及**所有犬科动物**，仅仅涉及狗所占据的犬科动物类和狼所占据的犬科动物类。

在第二个三段论中，中项**对政府不满意的人**没有涉及**所有对政府不满意的人**，仅仅涉及由无政府主义者所占据的以及由哈里所占据的那些类。

在第三个三段论中，中项**人类**没有涉及**全人类**，仅仅涉及由无政府主义者所代表的以及由哈里所代表的那些类。

我们所描述的推理错误的专业术语为**中项不周延谬误**。

评估三段论的最后一个重要规则是：如果词项在结论中周延，它也必须在前提之一中周延。注意以下两个三段论，两者看似具有同样的结构：

A	B
所有银行劫匪都是罪犯	所有银行劫匪都是罪犯
克里斯不是罪犯	克里斯不是银行劫匪
因此，克里斯不是银行劫匪	因此，克里斯不是罪犯

在三段论 A 中，**克里斯**在结论中和第二个命题中周延。**银行劫匪**在结论中周延——因为克里斯被排除在所有银行劫匪类

别之外，并且在第一个命题中周延——因为第一个命题谈到了
所有银行劫匪。

然而，在三段论 B 中，虽然克里斯在结论中和其中一个前
提条件中周延，但罪犯却并非如此。罪犯在结论中周延——因
为克里斯被排除在所有罪犯类别之外，但并没有在第一个命题
中周延——因为第一个命题没有谈到所有罪犯，仅仅涉及银行
劫匪所占据的那些罪犯类别。因此该三段论是无效的。下图将
阐明这种无效性：

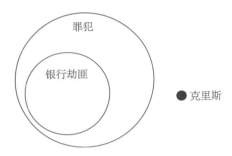

　　三段论 A：如果克里斯被排除在罪犯类别之外，而且罪犯
类别包括了银行劫匪类别，那么克里斯自动被排除在银行劫匪
类别之外。

　　我们只知道克里斯没有占据银行劫匪所占据的那个圈子。

　　三段论 B：如果克里斯被排除在银行劫匪类别之外，那么
他未必被排除在罪犯的类别之外。他可能是一个罪犯但不是一
个银行劫匪，或者他可能不是罪犯。

将大项替换成人类会更深入地揭示为什么三段论 B 无效：

所有银行劫匪都是人类。

克里斯不是银行劫匪。

因此，克里斯不是人类。

我们刚才描述的谬误被称为**不正当周延谬误**（fallacy of illicit distribution）。

现在让我们总结一下可以用来评估三段论形式的技巧。第一种技巧，我们可以用点和圆圈代表三段论的词项，用图表示三段论。一个圆圈代表一个类别或者一个子类，一个点代表一个特定项。如果我们面前有纸张的话，这种方法就很好。我们可以把对两个命题进行演绎推理的过程形象化。然而，我们必须十分谨慎地紧随命题。比如：

所有工匠都是一丝不苟的人。

有些俄罗斯人不是一丝不苟的人。

首先，我们画一个圆圈包含所有一丝不苟的人。然后，既然所有工匠都是一丝不苟的人，我们把另一个圆圈放在第一个圆圈内，代表所有工匠。第二个命题没有说到一丝不苟的俄罗斯人，它仅仅提到有些俄罗斯人不是一丝不苟的人。因为**有些**表示**至少有一个**，所以此命题的真正意思是："至少有一个俄罗斯人不是一丝不苟的。"因此，我们必须把第三个圆圈放在一丝不苟的人这个类别之外：

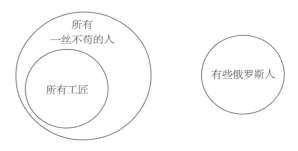

我们可以得出推论：有些俄罗斯人不是工匠。

> 没有俄罗斯人是斯堪的纳维亚人。
> 有些斯堪的纳维亚人是白肤金发碧眼人。

我们先画两个单独的圆圈分别代表俄罗斯人和斯堪的纳维亚人。第二个命题仅仅说有些斯堪的纳维亚人是白肤金发碧眼人。因此，第三个圆圈只与斯堪的纳维亚人的圆圈部分重叠：

从这些圆圈中，我们可以看到的结论仅有：有些白肤金发碧眼人不是俄罗斯人。X 所占据的区域代表有些不是斯堪的纳维亚人的白肤金发碧眼人；Y 所占据的区域代表既是白肤金发碧眼人又是斯堪的纳维亚人；Z 所占据的区域代表不是白肤金发碧眼人的斯堪的纳维亚人。

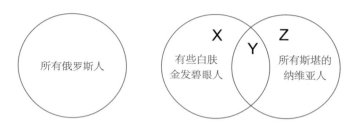

第二种技巧是把其中一个词项用另一个词项代替，同时确保命题的真实性。此处的原则是，无论三段论中出现任何词项，三段论的形式始终有效。因此，如果命题是真实的，形式是有效的，那么结论一定是一个真命题。换个角度看，如果命题是真实的，结论却不真实，那么形式一定是无效的。我们用这种技巧把以下三段论中的罪犯替换成人类：

> 所有银行劫匪都是罪犯。
>
> 克里斯不是银行劫匪。
>
> 因此，克里斯不是罪犯。

一旦我们替换成人类，就能清楚地看到结论非常荒谬：**因此，克里斯不是人类**。我们能够迅速辨认出此三段论的形式是错误的或者无效的。更深入一些，我们可以说所有以下形式的三段论都是无效的。替换技巧并非万无一失，但它可能是阐明一个三段论无效性最生动的方式。

所有 X 都是 Y。

Z 不是 X。

因此，Z 不是 Y。

第三种技巧是参考规则。这些规则并不是随意制定的，认识到这一点很重要。相反，它们的形成是通过分析三段论内词项的每一种可能的组合，然后得出由真实的命题推出错误的结论的共同原因。因此，这些规则是万无一失的。任何三段论，只要违反其中一条规则，就是无效的。

如果你想用这些规则来检查一个三段论的有效性，问问自己以下问题。以下问题只要有一条的答案是"不"，你就遇到了无效的三段论：

（1）是不是有且只有三个句子？

（2）第三个句子是否明显或隐含以因此（therefore）开头？

（3）是否有且只有三个词项？

（4）结论的主语是否出现且仅出现在前两个命题的一个命题中（即小项）？

（5）结论的述语是否出现且仅出现在前两个命题的另一个命题中（即大项）？

（6）是否有词项出现在第一个命题和第二个命题中，却不出现在结论中（即中项）？

（7）是否至少在前两个命题的其中之一涉及中项所属类

别的全部成员（即中项是否至少周延一次）？

表达此问题的另一种方式：如果命题是肯定的，三个词项是否存在"类—子类—子类的成员"的关系（即是否存在真实的中项）？

（8）如果前两个命题之一以**有些**一词开头，结论是否也以**有些**一词开头？

（9）如果结论中存在否定关系，是否前两个命题之一也存在否定关系？

（10）前两个命题是否至少有一个不是以**有些**开头的？

（11）前两个命题是否至少有一个不包含否定关系？

（12）如果一个词项在结论中周延，它是否也在前两个命题之一中周延？换而言之，如果有一个词项在结论中涉及全部成员，它是否也在前两个命题之一中涉及全部成员？

三段论有效性的终极测试是查阅以下有效形式的一览表。尽管建立三段论的方式超过 250 种，但其中只有 24 种有效，而在这 24 种之中，只有 15 种比较重要。

第一类：带*所有*的命题	1. 所有 A 是 B （所有）C 是 A 因此，（所有）C 是 B	
第二类：带*所有* …… *有些*的命题	2. 所有 A 是 B 有些 C 是 A 因此，有些 C 是 B	3. 所有 A 是 B 有些 A 是 C 因此，有些 C 是 B
	4. 所有 A 是 B 有些 C 是 A 因此，有些 B 是 C	5. 所有 A 是 B 有些 A 是 C 因此，有些 B 是 C

（续）

第三类：带所有……没有的命题	6. 所有 A 是 B 没有 C 是 B 因此，没有 C 是 A 或者，C 不是 A	7. 所有 A 是 B 没有 B 是 C 因此，没有 C 是 A 或者，C 不是 A
	8. 所有 A 是 B 没有 C 是 B 因此，没有 A 是 C 或者，A 不是 C	9. 所有 A 是 B 没有 B 是 C 因此，没有 A 是 C 或者，A 不是 C
第四类：带所有……有些……不是的命题	10. 所有 A 是 B 有些 A 不是 C 因此，有些 B 不是 C	11. 所有 A 是 B 有些 C 不是 B 因此，有些 C 不是 A
第五类：带没有……有些的命题	12. 没有 A 是 B 有些 A 是 C 因此，有些 C 不是 B	13. 没有 A 是 B 有些 C 是 A 因此，有些 C 不是 B
	14. 没有 A 是 B 有些 B 是 C 因此，有些 C 不是 A	15. 没有 A 是 B 有些 C 是 B 有些 C 不是 A

任何真实的命题代入以上 15 种模式的任何一种，必定产生一个同样真实的结论。比如，让我们看看以下两个命题：

没有无政府主义者对现状感到幸福。

有些对现状感到幸福的人是保守派。

这个模式与第 14 种模式一致：

没有 A 是 B。

有些 B 是 C。

结论一定是：

有些 C 不是 A："因此，有些保守派不是无政府主义者。"

另一个例子：

没有无政府主义者对现状感到幸福。

汤姆是无政府主义者。

这些命题明显属于第三类，但它们看上去与第三类所列举的四个模式中的任何一个都不一致。然而，只要调换两个命题的顺序，我们就可以轻易地确认为模式 7 或模式 9：

汤姆是无政府主义者。　　　　　　　　（所有）A 是 B。

没有无政府主义者对现状感到幸福。　　没有 B 是 C。

因此，结论要么是：

对现状感到幸福的人不是（不包括）汤姆。　C 不是 A。

要么是：

汤姆对现状感到不幸福。　　　　　　　　A 不是 C。

我们还可以用另一种方式看待这个例子：

所有无政府主义者对现状感到不幸福。　所有 A 是 B。

汤姆是一个无政府主义者。　　　　　　（所有）C 是 A。

因为我们明显是在处理模式 1，所以结论是：

汤姆对现状感到不幸福。　　　　　　　（所有）C 是 B。

　　三段论的研究可能听起来没什么可大惊小怪的。毕竟，我们不用三段论来谈话，否则肯定会极其无聊。尽管如此，三段论却是我们在试图确定真相时最有价值的工具之一。它迫使我们清楚地表达自己准确的意图；它不给推论留任何余地，它要求我们绝对精确和清晰；它迫使我们区分证据和结论，明确表达准确的证据，并仔细检查证据和结论之间的关系。通过要求我们明确表达我们的前提条件，它让我们能够区分事实的命题和个人见解的命题。三段论法迫使我们确定是在处理事实的问题还是在处理推理的问题。换而言之，如果我们不同意某个结论，三段论法能让我们迅速确定，我们是因为不同意结论所基于的一个（或更多）前提条件而不同意该结论，还是因为这些前提条件的使用方式有缺陷而不同意该结论。三段论法用得干净利索时，可以剥离不必要的冗词赘语，剥离那些掩饰谬误的冗词赘语，并且合乎逻辑而又客观地揭示谬误。

[第17章]
CHAPTER 17

结　语

通过向智者学习而建立并占据稳定而固若金汤的位置，着实令人欣慰；

而在你脚下的人正向四面八方漫游徘徊，努力寻求某种生存之道，

争名夺利，朝思暮想地攫取权力和出人头地。

——卢克莱修（Lucretius）

自前述章节中收集到的可能最重要的原则如下：

a. 要警惕任何使用绝对口吻说话的人：他们使用这样的词语，所有、没有、没人、从来没有、总是、每个人、必须、一……就……他们谈到一群人时仿佛所有成员都具有同样的特征、信念或态度。

b. 要警惕一概而论，尤其是没有支撑的一概而论，或者只有一两个特定的、不常见的或极端的例子支撑的以偏概全。

c. 要警惕所有使用感性语言、主观评价性语言而不考虑客观情况和事实的人。

d. 不要把意见、态度、个人偏见、推测、个人保证或无支撑的一概而论与真凭实据混淆。

e. 确定所讨论的问题清晰而明确，它的盘根错节与复杂性都已确认无误，它的目标已经确认无误，并且语言和概念已经做好定义。

f. 确定证据与所讨论的特定主题相关，而不是与某些有关联的主题相关。

g. 当提到权威时，不要自动承认权威，除非他/它的资格与所讨论的问题有关。

h. 确保结论是由证据推断而来。

i. 确保你没有置他人于不得不做推测的境地，确保自己没有处于不得不做推测的境地。换而言之，确保论证的必要步骤没有省略，避免做出假设。

j. 无论何时，不要让理性的讨论变成激烈的争论。当讨论变得激烈之后，停止讨论，确定问题的根源，澄清所有误解，然后将讨论重新带回主题。当人们有不同意见时，确保他们知道意见分歧的具体性质。

k. 确保证据是完整的，而不是有选择性的。

l. 不要诡辩，不要为争论而争论。

m. 严谨地思考。不要不假思索地放过谬误；即使你不说什么，也要对自己说"这是荒谬的"。

n. 无论何时听到一个论证方式，在接受它的结论之前要仔细检查。问三个问题：

- 命题（前提条件、制作出来用作论据的要点）真实吗？
- 论据是完整的还是片面的？
- 结论是无可辩驳地来自论据吗？还是有其他不同的结论也可以轻易地从论据中推出？

o. 最后，无论你变得多么精通辩论，永远别忘记埃德加·爱伦·坡的《一桶阿蒙帝亚度酒》（*The Cask of Amontillado*）中的开场白：

对于福尔图纳托加于我的无数次伤害，我过去一直都尽可能地一忍了之，可在那次他斗胆侮辱了我以后，我就立下了以牙还牙的誓言。

这个世界不需要另一个聪明的傻瓜。

参 考 文 献

以下全部书刊均极力推荐，每一部都以某种方式影响了本书的准备工作。

Baum, Robert, *Logic*, New York: Holt, Rinehart and Winston, Inc., 1975.

Baker, Samm Sinclair, *The Permissible Lie*, Boston: Beacon Press, 1968. 对广告中的半真半假、花招和策略进行的饶有趣味的研究。

Beardsley, Monroe C., *Practical Logic*, Englewood Cliffs, N.J.: Prentice-Hall, Inc. 1950. 很好的逻辑规则入门介绍。比大多数读者想要使用的内容更多，无论读者翻到哪一章节，均讲解得清晰而透彻。

Thinking Straight, 4th ed., Englewood Cliffs, N.J.: Prentice-Hall, Inc., 1975. 这本书的精简版有时候解释得出奇地啰唆，但示例非常不错。

Bentham, Jeremy, *Bentham's Handbook of Political Fallacies*, edited by Harold Larrabee, New York: Thomas Y. Crowell Company, Apollo Edition, 1971. 这是一个很好的版本。Larrabee 解释了 Bentham 的很多隐含意义。

Brown, J. A. C., *Techniques of Persuasion*, Baltimore: Penguin Books, 1963. 有时候很专业，但可读性非常高，非常透彻。

Campbell, Stephen K., *Flaws and Fallacies in Statistical Thinking*, Englewood Cliffs, N.J.: Prentice-Hall, Inc., 1974.

Chase, Stuart, *Guides to Straight Thinking*, New York: Harper and Row, 1956.

Copi, Irving M., *Introduction to Logic*, 4th ed., New York: Macmillan Publishing Co., Inc., 1972. 标准的文本，但可读性并非一直很好。

Corbett, Edward J., *Classical Rhetoric*, New York: Oxford University Press, 1965. 第二章"论证的探索"写得特别好。

Eisenberg, Abne M. and Joseph A. Ilardo, *Argument: An Alternative to Violence*, Englewood Cliffs, N.J.: Prentice-Hall, Inc., 1972. 很少有人发现一本书的每一页都充满如此之多的常识。

Fearnside, W. Ward and William B. Holther, *Fallacy: The Counterfeit of Argument*, Englewood Cliffs, N.J.: Prentice-Hall, Inc., Spectrum Book, 1959. 作者逐条列出了 51 种谬误，举例并提供了反驳。

Fischer, David Hackett, *Historians' Fallacies*, New York: Harper & Row, 1970. 大概是本参考文献中最全面彻底的谬误类型总集。阅读量很大，但值得阅读。

Freeley, Austin J., *Argumentation and Debate: Rational Decision Making*, Belmont, California: Wadsworth Publishing Company, Inc., 1976.

Hayakawa, S. I., *Language in Thought and Action*, 3rd ed., New York: Harcourt Brace Jovanovich, Inc., 1972.

Herzog, Arthur, *The B.S. Factor*, Baltimore: Penguin Books, Inc., 1974. 此书别具一格，令人捧腹。副标题为"在美国造假的理论与技术"（The theory and technique of faking it in America）。Herzog 的 B.S. 因素十分忠实于此副标题。

"How to Detect Propaganda," from *Propaganda Analysis*, November, 1937, The Institute for Propaganda Analysis, Inc. Reprinted in *Modern*

Rhetoric by Cleanth Brooks and Robert Penn Warren, New York: Harcourt, Brace and Company, 1949.

Huff, Darrell, *How to Lie with Statistics*, New York: W. W. Norton & Company, Inc., 1954. 此书现在已经是经典之一。

Kahane, Howard, *Logic and Contemporary Rhetoric*, 2nd ed., Belmont, California: Wadsworth Publishing Company, Inc., 1976. 非常优秀的清晰思维和避免受骗的原则介绍。丰富的示例极其出色。

Manicas, Peter T., and Arthur N. Kruger, *Logic: The Essentials*, New York: McGraw-Hill Book Company, 1976. 大约是本参考文献中最专业的书，然而内容阐释得非常明晰。

Michalos, Alex C., *Improving Your Reasoning*, Englewood Cliffs, N.J.: Prentice-Hall, Inc., 1970. Michalos 展示了大约 100 种谬误并举例说明。有时候举例说明略有不足，但分类方式很重要。

Parkinson, C. Northcote, *Parkinson's Law*, New York: Ballantine Books, 1971.

Peter, Laurence J. and Raymond Hull, *The Peter Principle*, New York: William Morrow and Company, Inc., 1969.

Ruby, Lionel and Robert E. Yarber, *The Art of Making Sense*, 3rd ed., New York: J. B. Lippincott Company, 1974.

Thouless, Robert H., *Straight and Crooked Thinking*, London: The English Universities Press Ltd., 1953. Simon and Schuster now publishes it under the title *How to Think Straight*. 这是一本绝对精彩而诙谐的小书，完全忠实于它的原始书名。它深入探讨了许多诀窍，并告诉你该如何应对这些伎俩。

Weinland, James D., *How to Think Straight*, Totowa, New Jersey:

Littlefield, Adams & Co., 1963.

Willis, Hulon, *Logic, Language, and Composition*, Cambridge, Mass.: Winthrop Publishers, Inc., 1975. 一本匠心独运之作，将逻辑章节和关于语法、标点、拼写、写作和文体的章节交错呈现。尽管逻辑章节并不是这本书的主要部分，但是 Willis 不仅呈现了这部分内容，而且呈现得很精彩。

Ziegelmueller, George W. and Charles A. Dause, *Argumentation: Inquiry and Advocacy*, Englewood Cliffs, N.J.: Prentice-Hall, Inc., 1975. 本参考文献最具价值的书之一。

辅助参考

Beiser, Arthur, *The Mainstream of Physics*, Reading, Mass.: Addison-Wesley Publishing Company, Inc., 1962.

Bailey, Thomas A., *The American Pageant*, 4th ed., Lexington, Mass.: D. C. Heath and Company, 1971.

Hoyt's New Cyclopedia of Practical Quotations, New York: Funk & Wagnalls Company, 1927.

Hurd, Charles, *A Treasury of Great American Speeches*, New York: Hawthorn Books, Inc., 1959.

The Oxford Dictionary of Quotations, London: Oxford University Press, 1941.

补　遗

　　一位善于观察的读者提醒出版商有关古拉（Gula）先生曾经犯下的一个错误，出现在第 16 章。我们已经改正了此错误，但由于古拉先生已无法再授权，我们认为最好解释一下做了什么改动，以及为什么。

　　问题中的三段论是："狗是一种犬科动物。狼是一种犬科动物。因此，狼是狗。"古拉先生然后写："P= 犬科动物，一个类别：大项。M= 狗，一个子类，犬科动物的一种。S= 狼，一个子类，犬科动物的一种。"

　　在逻辑三段论法中，S 表示结论的主语，P 表示结论的述语，而 M 是中项——为双方共用。三段论的第一行（称为大前提）连接 M 和 P，而第二行（称为小前提）连接 M 和 S。

　　所以在古拉的示例中，"狗是一种犬科动物"是大前提，连接中项 M 和述语 P。"狼是一种犬科动物"是小前提，连接中项 M 和主语 S。因此中项 M 必须是"犬科动物"，因为只有它出现在两个前提条件中。

　　古拉先生的错误在于把 P 认成一个类别。他说犬科动物是一个类别，狼和狗各是一个子类别，这是正确的。但这个类别

（包含其他两个子集的大集合）是中项 M，不是述语 P。根据定义，中项 M 是连接主语 S 和述语 P 的项——和类别的作用一样。

有一个相似的错误发生在此内容的下面，在有关无政府主义者的讨论中。在最简单的词项中，古拉先生无意中地将 M 指成了 P。我们已经改正了这两个问题。

克雷格 R. 史密斯（Craig R. Smith）

编者

思考力丛书

学会提问（原书第 12 版·百万纪念珍藏版）

- 批判性思维入门经典，真正授人以渔的智慧之书
- 互联网时代，培养独立思考和去伪存真能力的底层逻辑
- 国际公认 21 世纪人才必备的核心素养，应对未来不确定性的基本能力

逻辑思维简易入门（原书第 2 版）

- 简明、易懂、有趣的逻辑思维入门读物
- 全面分析日常生活中常见的逻辑谬误

专注力：化繁为简的惊人力量（原书第 2 版）

- 分心时代重要而稀缺的能力
  就是跳出忙碌却茫然的生活
  专注地迈向实现价值的目标

学会据理力争：自信得体地表达主张，为自己争取更多

- 当我们身处充满压力焦虑、委屈自己、紧张的人际关系之中，
  甚至自己的合法权益受到蔑视和侵犯时，
  在"战和逃"之间，
  我们有一种更为积极和明智的选择——据理力争。

学会说不：成为一个坚定果敢的人（原书第 2 版）

- 说不不需要任何理由！
  坚定果敢拒绝他人的关键在于，
  以一种自信而直接的方式让别人知道你想要什么、不想要什么。